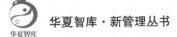
华夏智库·新管理丛书

U0604126

狼王演说

演说改变命运

张云博◎著

狼王演说收钱收人收心

经济管理出版社
ECONOMY & MANAGEMENT PUBLISHING HOUSE

图书在版编目（CIP）数据

演说改变命运/张云博著．—北京：经济管理出版社，2016.9（2016.12 重印）
ISBN 978 - 7 - 5096 - 4544 - 4

Ⅰ.①演… Ⅱ.①张… Ⅲ.①演讲学 Ⅳ.①H019

中国版本图书馆 CIP 数据核字（2016）第 188967 号

组稿编辑：张　艳
责任编辑：张　艳　钱雨荷
责任印制：黄章平
责任校对：超　凡

出版发行：经济管理出版社
　　　　（北京市海淀区北蜂窝 8 号中雅大厦 A 座 11 层　100038）
网　　址：www. E - mp. com. cn
电　　话：(010) 51915602
印　　刷：三河市延风印装有限公司
经　　销：新华书店
开　　本：720mm×1000mm/16
印　　张：12.75
字　　数：189 千字
版　　次：2016 年 11 月第 1 版　2016 年 12 月第 2 次印刷
书　　号：ISBN 978 - 7 - 5096 - 4544 - 4
定　　价：39.00 元

推荐序一

彭清一，共和国演说家，北京华夏管理学院总顾问。

演讲是一门学问。怎样让这门学问变成一个有价值、有意义的传递行为，是非常值得重视的问题。我经常跟我的学生讲，三流演讲用嘴，二流演讲用脑，一流演讲用心。

语言的价值如何通过你的声音传给别人，靠的就是心与心的传递。你若有爱，听众则有爱；你若有情，听众则有情；你若有德，听众则有德。不论我演讲了多少次，我总是把每场演讲当做第一场，一丝不苟，满腔热情地对待。基于此，我认为演讲是一个终生的职业，是一个跨领域、跨专业又完美融合与提升的职业。

任何一次演讲，只要抱着给别人带去价值、传递能量，不论是商演，还是公益演讲，都值得推崇。

表演是我的人生，演讲也是我的人生。如果人生是不同片段的组合，我希望每一个片段都不要虚度，不论演讲还是表演都要在舞台绽放精华。

演讲的出彩并不比跳好一次舞容易，演讲等同表演又高于表演，不仅带给人欣赏的价值，更要有思想的升华。

云博作为我的同行，我为其鼓掌。演说界后生可畏，人才济济，他用个人的演讲经验总结出一本思想的结晶，给别人以启示和指导。就像我们当教授也好，当学者也好，都有一个目标就是学以致用并教学相长。而"致用"最好的办法就是能变成一本书去传递和分享。读者在分享作者思想的同时，个人领悟力和思考能力就会成长。

　　任何一个领域都需要长江后浪推前浪，演讲的领域更是如此。新思想、新思维、新体会和新认知都是漫长演讲领域的新鲜血液。而一本书的沉淀能为后来者、后后来者提供可借鉴和学习的精髓，使加入演讲行列的后起之秀更有使命感、有担当，让演讲的路越来越宽，使每一场演讲都变得更加有意义、有情怀。我想，这是我们每个演讲者共同的心声。

　　这是一本有故事、有案例、有分析、有实战经验的书。希望读者爱上这本书的同时，更爱上演讲。因为，演讲真的可以改变命运——改变的不仅是别人的命运，更多的是改变自己的命运。

推荐序二

任超一，品牌战略专家，创成咨询董事，乔君资本董事，资深电视媒体人，数字电视职业指南频道《企管天下》栏目创始人。

和云博老师相识将近十年，他稳重而睿智，话虽不多，但句句经典；他为人豪爽仗义，朋友有事，只要答应，就一定帮到底。为人师者，云博老师和其他只讲不做或讲得多做得少的老师不同，他追求言行一致，讲我所做，做我所讲，所以他一直是我十分欣赏和敬重的好师友。

这些年来，我们各自忙于工作，平时疏于见面，不过在朋友圈依然会相互关心，默默支持。当收到他约我为其新书写序的消息时，甚为惊喜，可谓士别三日，当刮目相看！看到《演说改变命运》的提纲，已为之一振，翻开书细细品味，发现此书将演说和销售有机结合，别出心裁，均干货分享，读来令人爱不释手。

《史记·平原君虞卿列传》："毛先生以三寸不烂之舌，强于百万之师。"形容一个人能说会道，善于辞令。试想，一个人即使满腹经纶，才华横溢，如果不善言辞，拙于表达，这种才华也会大打折扣，令人欷歔。

移动互联网时代，信息大量冗余，无效信息泛滥，特别是在产能过剩、产品严重同质化的今天，企业之间的竞争日趋激烈。作为品牌战略与商业模式研究的从业者，我每年服务企业近两百家，在帮助企业重新打造品牌和商业模式的过程中，逐渐发现，如果销售团队的口才不好，表述不清晰，再好的产品，其价值也会被削弱，所以帮助企业快速提升销售业绩，除了重新定位品牌、打造商业模式、解决产品畅销的问题外，另一个重要环节就是云博老师的《演说改变命运》，高效训练团队的演说与销售双重能力，解决产品畅销的问题。

如果把成功销售的要素归纳为表达能力、产品知识、专业形象、经验阅历、激励政策等，其中表达能力可为 1，后面几个要素可为 0，当 1 存在，后面的 0 才会有价值，如果 1 不存在，后面的 0 即使再多也无任何意义！

通常提到演说或口才训练，主要强调的是表达能力，而云博老师将演说与销售巧妙结合，可谓大智慧也。培训演说的老师不少，培训销售的老师也不少，但能把演说与销售完美结合的老师却屈指可数，《演说改变命运》，必将成为众多销售精英的修炼圣经。

此为序。

推荐序三

王挺，初心会创始人，漫生活创始人，魔漫相机创始人。

北京，是一个不靠谱的城市，每次匆匆来去都融入不了。认识很多人，遇到很多事，也仅点到为止，远近之间，也许原因还是因为自己。

五年前我也仍在培训业的世界里遨游，在城市间穿梭，白天站台，夜间赶路，外围的人看到的都是光彩，但是只有自己了解伴随着时光拥有着什么。但，我只了解自己，不了解别人，因为在打拼的世界里，每个人都穿着一层厚厚的盔甲，保护着一碰即痛的软肋。

直到那个秋天，一个不经意的下午，在一个传媒公司里认识了云博，引荐的老兄介绍着他的神奇，告诉我，他是如何在很短的时间内让每个人懂得放下自己，拥抱彼此。职业培训师认识很多，对我没有什么新鲜的，但是被一个国内著名传媒公司老总极力赞誉和推荐的，我自然要认识他的不同。在人群中的第一眼，看到穿梭而来的云博，一袭道不出来的温暖，满脸的善意和真诚，洋溢着谦虚和主动，那第一次美好的记忆至今仍清晰浮现在眼前。

后来我们彼此慢慢熟悉，自然而然地有了很多合作。云博的课程和分享，总是我最愿意极力推荐给企业和朋友的。如果说诸多的培训和分享是在用知识和智慧实现碰撞，那么云博则投入生命和热望。无数次，在课程开讲的前夜看到他训练助教的场景，伴着深夜的灯影，一次又一次地重复再重复，主要为了激发助教们真正内在的动力和激情。听着一声声笃定的声音，看到一张张绽放的笑脸，我知道，云博激活的是一个个活生生的生命。

曾经我们也偶尔相遇在匆匆的旅途，或在他的家乡附近，或在另一个城市的尽头，有时云博会带来他家乡的老白干，有时则是很具特色的鼻烟壶。对于这个好兄弟，我所有的印象都充满着岁月的暖意和温和。

在成长的路上，因为职业的原因无论是否依旧在培训业的路上，我们都有不断学习的习惯，云博更是如此，聚集自己业已非常专业的实战，仍然孜孜不倦汲取更多不同领域的知识，我知道他把生命交付在他无比热爱的世界里，投入在无比珍爱的教育里。从内心讲，我从不认为云博做的是培训业，而始终认为他是培训业内少有的真正专注心智成长的教育家。更重要的是，云博如兰花般谦谦君子的真心真情，在每一个遇到的陌生人前也如出一辙地真诚和温暖。

我无数次想，经历在培训圈子的十年，在我身边还有哪些我念念不忘、依依不舍的伙伴和兄弟？匆匆流逝的时光，倒映在心里的都是留存下来的生命喜悦，其中有许多是关于云博的光阴，如果浓缩这所有的经历，用一句话来形容他，那么这篇文章的主题也许可以做一片他的剪影：云程万里，博物君子！

生命就是一场偶遇，生命的珍贵不在于我们看到怎样的风景，而在于我们在旅程中遇到怎样的人以及拥有怎样的一颗心！

前　言

　　记得有位哲人说过："拳头可以击碎人的骨头，但语言可以击碎人的灵魂！"思想放在头脑中，是浅层价值。把思想变成语言传播出去，让更多人知道，是中层价值。由于你讲出去的思想而改变了很多人的思想和行为，这是深层价值。萧伯纳说过一段寓意深刻的话：你我是朋友，各拿一个苹果来交换，交换后仍然是各有一个苹果；倘若你有一种思想，我也有一种思想，把各自思想相互交流，那么每个人就有两种思想了。演说，作为一个思想交流的载体，主讲者和听众思想的互动，可以产生无形的价值。演说也是一个沟通的利器、互动的工具，它可以化干戈为玉帛、化腐朽为神奇、化不可能为可能，能把你的思想装入别人的脑袋，也能把别人的钞票装入自己的口袋。我们想要销售什么、领导什么，或劝他人去做什么，我们必须有一个清晰的、有说服力的演说，也必须成为一个有说服力的演说者。

　　衡量一个人有多大的成就，就看他在这个社会上能影响和帮助到多少人。你能影响多少人就有多少人追随你，有多少人追随你就会有多少人帮助你，你带给别人的帮助就证明了你的最大成就，如比尔·盖茨影响了全球会电脑的几百万人，而马云影响了全中国几亿人，这就是他们的价值。企业界还有牛根生、俞敏洪、乔布斯、雷军等。

　　他们是靠什么产生了这么大的影响？

　　公众演说和出色的个人口才！他们都是用演说来传递他们的核心思想和价值理念，我们每个普通的人都能成为演讲大师。政治家们也无不通过演说来完成自己政治主张的传播，如孙中山、毛泽东、奥巴马等。海伦·凯勒是个聋盲人，却奉献了一场最动人的演讲——《假如给我三天光明》。中国的钢琴调律师盲人陈燕通过自己的奔走演说，改写了以往导盲犬不能上公共交通工具的历史。被称为"活雕塑的生命勇士"尼克·胡哲说："人生最大的残障，不是你没有四肢，而是你没有思想和意念，没有看待你自身生命恰当的角度，而你现在最需要做的就是找到这个角度，心有多大，舞台就有多大。"

每个普通人，想要给自己一次生命出彩的机会，就要找到一个合适的角度。把心放在演讲的舞台，用心指挥大脑，用大脑指挥语言，去演说、去传递价值。陈安之老师说："我之所以成为演说家，目的只有一个，因为安东尼·罗宾帮助我成功，我要把这份爱传递出去，去帮助更多人。"这是每一个想要成为演说家的人的使命与担当。

狼王演说，能帮你做到什么呢?

首先，演说能销售产品。普通的销售大多是一对一的推销，一个人对着一个人，像狙击手，一枪最多能打倒一个敌人，公众演说销售，像投弹手，一颗手榴弹能炸掉一群敌人。而且，公众演说销售更容易跟客户达成销售，因为只要你站在台上，人们就会用学的态度去听，更容易建立权威感和信任度。我的一个学员是全国主持人金话筒总冠军，之前一直做主持人，从来没有想过在舞台上还能销售，在我的课程中，就是按照我们"三级五步"的布局策略现场销售演讲推广他的培训班，7分钟就招收了二十几个学员。我的一个经销商学员从开始恐惧舞台，内向、自卑、业绩平平，通过三天两夜的颠覆式训练课程，最后卖掉了6台价值近5000元的家用净水机。一个大学生学员，暑假来上课，三天课程结束，演说结束成交了全场，成交率100%。

其次，演说能招来投资人。当你有了好的项目或产品时，当你需要投资时，狼王演说可以帮你打造无懈可击的招商路演的演说稿，并且帮你艺术化处理，让你的演讲有规有矩、有血有肉。我在我的课程上曾帮助很多创始人招来近千万元的投资，我个人通过演说也为自己找到几百万元的投资。如何才能让人投资你呢? 不但要讲好你的项目，还要看好你的人，演说就可以完美地把你呈现出来。

再次，演说能吸引人才。你要意识到人才是吸引而不是招来的。吸引来的人才更具备稳定性和忠诚度。领导者要了解人才都想要一个美好的未来，我们就要把自己企业的愿景、使命通过演说传递到应聘者的心里。创业者要通过他极具魅力的演说吸引同路人。我有一个梦想合伙人叫孔德顺，是做电动汽车的，同时还投资了一家97淘城汇的网络平台，通过跟我系统地学习，通过公众演说从沉默寡言、默默无闻到现在成为有影响力的人物。

最后，演说能凝聚团队、激励团队，能把自己的想法和观念准确无误地表达出来。有位口才专家曾经大胆断言道："语言是人生命运的纽带。"西方有位哲人也认为："世间有一种成就可以使人很快完成伟业，并获得世人的认识，那就是说话令人喜悦的能力。"看过电视连续剧《亮剑》的朋友应该对剧中男主角李云龙非常熟悉，李云龙三分钟演讲就能让团队嗷嗷叫，这就是一种领导力！企业家和创业者必须要学会用一种理念、愿景和使命来打造一支团队，用思想凝聚人，用文化留住人，持续不断地宣传自己的梦想，用梦想打造一支团队，再用这支团队去实现这个梦想。马云如是。我的一个梦想合伙人叫岳军，是欣念餐饮有限公司的董事长，是一家做水饺快餐连锁的企业，他从原来开会不知道讲什么到现在每次开会都会讲：我有一个梦想，我的梦想是让全世界的人都能吃到咱们中国人的饺子！我要成就100位店长、我要建自己的员工老年公寓。每次讲完都能震撼人心，团队凝聚力大大增强。

21世纪的领导者必须要掌握的三种能力，不是开车、英语、计算机，而是销售能力、演说能力和凝聚人的能力。销售自己的思想和产品，通过演说打造团队实现组织目标。

这三种能力正是我们每个想追求卓越的人必须学习并要熟练掌握的。

这是一个话筒改变命运的时代，作为一个在演说舞台上摸爬滚打14年的人来说，我愿意把自己对于演说的体会和心得变成一本无声的语言，让读过此书的人有想登台演说的欲望，能站在台上销售自己的产品，阐述自己的思想，招来资金，吸引来人才，达成自己的目标，实现自己的梦想！这就是我的心愿和初衷。

学会演说，可以在任何场合妙语连珠，可以在各个行业游刃有余，既是展现个人能力的机会，又是一个收人、收钱、收心的契机。舞台大，人脉广；

人脉广，钱脉自然广。

这本书案例典型，语言平实，不仅适合锻炼口才的人学习，也适合培养演讲能力的人学习。展望前路，我还是一个行在途中的学生，这个行业高手林立，大师成堆，只有站在巨人的肩上才能看得更远，走得更坚定。

我希望，这本书是块砖，给每个心中有梦想宫殿的人、渴望成为演讲者的人添砖加瓦，希望每个已经成为演说家的人、正走在成为演说家路上的人和没有踏进演说行业的人都能在这本书里获益，未来都能靠自己的演讲和口才，真正达到收钱、收人、收心。不足之处，多谢指教。共同学习，一起成长和进步。

目　录

第一部分　演说：成就你一生的魔法棒

第一章　为什么需要演说 …………………………………………… 3

一、每一个伟大的成功人士都是天生的演说家 …………………… 3

二、演说的现实作用与意义 ………………………………………… 5

第二章　演说，究竟是什么 ………………………………………… 8

一、演说的本质和目的 ……………………………………………… 8

二、演说的分类 ……………………………………………………… 10

第三章　演说，就要会"讲"善"演" ……………………………… 13

一、内在练底蕴，外在练口才 ……………………………………… 13

二、演讲要出彩，善借是关键 ……………………………………… 15

第四章　"销讲"就是要以听众需求为导向，以讲促销 ………… 18

一、销讲不是要"能说"，而是要"会说" ……………………… 18

二、多讲别人"想听的"，少说自己"想说的" ………………… 20

三、听众的需求点，就是"销讲"的关键点 …………………… 23

第五章 激情,演说成功的重要砝码 ⋯⋯⋯⋯⋯ 26

一、激情是最强大的感召力 ⋯⋯⋯⋯⋯ 26

二、调动听众情绪才能使之共鸣 ⋯⋯⋯⋯⋯ 29

第六章 故事,演说出彩的不二选择 ⋯⋯⋯⋯⋯ 32

一、你是故事大王,听众就是死忠粉 ⋯⋯⋯⋯⋯ 32

二、好故事成就好演说 ⋯⋯⋯⋯⋯ 35

第七章 修炼三种功力,成为"狼王"演说家 ⋯⋯⋯⋯⋯ 38

一、演说不是说空话,让内容富有人情味 ⋯⋯⋯⋯⋯ 38

二、了解你的听众,用听众的语言去演说 ⋯⋯⋯⋯⋯ 40

三、演说者的个人魅力决定演说效果 ⋯⋯⋯⋯⋯ 42

第二部分 凡事预则立:演说前必做的准备课

第八章 演说前要备的几点课 ⋯⋯⋯⋯⋯ 47

一、演说的目的是什么 ⋯⋯⋯⋯⋯ 47

二、要用什么样的形象去演说 ⋯⋯⋯⋯⋯ 49

三、演说的结果能给听众带去什么价值 ⋯⋯⋯⋯⋯ 52

四、如何应对听众的反对意见 ⋯⋯⋯⋯⋯ 54

五、如何讲好自己的故事吸引听众 ⋯⋯⋯⋯⋯ 56

第九章 演说光有大脑指挥嘴不够,还要让身体指挥大脑 ⋯⋯⋯⋯⋯ 62

一、演说前给身体做个热身运动 ⋯⋯⋯⋯⋯ 62

二、给大脑足够的"粮食"储备 ⋯⋯⋯⋯⋯ 64

三、用心准备演讲稿,用激情状态去演说 ⋯⋯⋯⋯⋯ 66

第十章　带上好心态走向演说舞台 ·········· 69

一、静心，让演讲更专心 ················· 69

二、自信，让演说更自如 ················· 71

三、幽默，让演说更优质 ················· 73

四、让资讯为演讲服务 ·················· 76

五、先鼓励自己，再激励别人 ·············· 78

第三部分　用对方法做对事，用技巧为演讲加分

第十一章　自我介绍就是"金字招牌" ·········· 83

一、先把自己"卖出去"是关键 ············· 83

二、与众不同的自我风格 ················· 85

三、自我介绍既要新颖又不失"度" ··········· 87

第十二章　好的演说要"开场"不要"白" ········ 89

一、问"YES"的问句技巧 ··············· 89

二、最忌讳的是一开场很严肃 ·············· 91

三、积极调动现场气氛 ·················· 93

第十三章　狼王演说家就是"造梦家" ··········· 95

一、启发听众，点燃梦想，告诉听众，他也能 ······ 95

二、听你说完，他会被你的思维带着走 ········· 98

第十四章　演说会场，要互动，不要冷场 ········ 100

一、适时提问，舒缓节奏，带动气氛 ·········· 100

二、跟观众握手，肢体互动 ··············· 102

三、让观众鼓掌的技巧 ………………………………………… 103

四、小游戏大作用 ……………………………………………… 105

第十五章　营造磁场让听众接收有用信号 ……………… 107

一、用自身格局与智慧吸引人 ……………………………… 107

二、狼王演说家的秘诀：大师级别的舞台风范 …………… 109

三、状态越自然，演讲越轻松 ……………………………… 111

第十六章　逢场巧应对，说话讲技巧 ……………………… 114

一、深奥的意思简单说，有些话不能说 …………………… 114

二、分析一个事例，对应一个观点 ………………………… 116

第十七章　演说稿不要"写"，要"设计" ……………… 119

一、给听众观念之前，要塑造这个观念的价值 …………… 119

二、先有听众想听的欲望，再用演说实现渴望 …………… 121

第十八章　最省力的演讲，就是讲个好故事 …………… 123

一、用故事服务主体内容 …………………………………… 123

二、新故事更有吸引力 ……………………………………… 125

附：如何运用"一二三四五"法则? ……………………… 127

第四部分　勤修苦练：演说的魅力与素养成正比

第十九章　爱说才能会说，会说才能演说 ……………… 131

一、让兴趣带你渐入佳境 …………………………………… 131

二、感兴趣了，就会主动钻研 ……………………………… 133

三、兴趣是成就狼王演说家的恒久动力 …………………… 134

第二十章　让动作去演说，而不单用嘴 ························· 136

　　一、动作比语言更具冲击力 ································· 136

　　二、优雅的动作是无声的语言 ····························· 138

　　三、戒忌刻板、做作和小动作 ····························· 140

第二十一章　演说，也能用"脸"讲话 ····················· 142

　　一、面部表情在替你说心里话 ····························· 142

　　二、好好修饰心灵外显的"窗口" ························· 144

　　三、好好练表情，演讲才入戏 ····························· 146

第二十二章　用感恩带动感恩 ····························· 149

　　一、传递感恩情怀，分享感恩事例 ························· 149

　　二、调整心态，少抱怨多感恩 ····························· 151

　　三、学会感恩，会用方法 ································· 153

第二十三章　演说家，要当欲望的唤醒者 ··················· 155

　　一、语言导向进行心理刺激 ······························· 155

　　二、实物利用进行视觉激发 ······························· 157

　　三、正向案例营造榜样效应 ······························· 159

第二十四章　有"爱"的演说更动人 ······················· 161

　　一、人类最好的语言叫"爱" ····························· 161

　　二、"爱"不止一个字，更是一个场景 ····················· 163

第二十五章　触景生情，升华演说效果 ····················· 165

　　一、演说需要借势借景 ··································· 165

　　二、有时无声胜有声 ····································· 167

三、现场发挥有方法 ················ 168

第二十六章 把演讲融入生命，用说话担当责任 ············ 170

一、演说者有情，听者亦有情 ············ 170

二、先感动自己，再感动别人 ············ 172

三、每个演说者，都是一生使命的担当者 ············ 174

附录（学员分享） ············ 177

第一部分

演说：成就你一生的魔法棒

第一章　为什么需要演说

一、每一个伟大的成功人士都是天生的演说家

有句话说，是人才者，未必有口才，而有口才者，必定是人才。成功人士大多是成功的演说者，或者他们的成功大部分来自他们的口才与沟通能力，在他们身上所体现的价值和创造的成就，不夸张地说大部分是靠嘴去创造的。

例如马云，凭着流利的英语口语能力，很早就接触了西方的成功经验，谙熟了互联网经济，从而开创出阿里巴巴的神话，并且用他的豪言壮语激发了无数人的斗志，让创业者们看到了成功的希望；拿破仑靠他的口才调动军队士气；林肯的语言功力能让与他不在一条战线的政敌哑口无言并肃然起敬，他曾说过："口才是社交的需要，是事业的需要，一个不会说话的人，无疑是一个失败者。"我们伟大的周总理智慧善辩，赢得世界各国尊重；古人，苏秦游说六国凭的就是口才，晏子使楚既不使自己受辱又不辱使命，诸葛亮舌战群儒征服孙权，促成孙刘抗曹联盟。商界巨子比尔·盖茨用过人的语言能力说服 IBM 与他合作，赚取他成为世界首富的原始资金；新东方 CEO 俞敏洪靠着风趣幽默又接地气的演说，把英语培训办成了华尔街上市的教育集团。各朝各代，远古近前，商人还是政客，试看他们的丰功伟绩，哪一个不是靠过人的语言天赋和雄辩口才。

有句歇后语说得好，茶壶里煮饺子——肚里有货倒不出。华为总裁任正

非也曾说，茶壶里煮饺子，倒不出来就不算饺子。可见，心内有言，言之有物才是好语言。马云讲，如果你不会演讲，你的人生将是十分耕耘，一分收获；如果你学会了演讲，你的人生将是一分耕耘，十分收获。成功是自己的，用演讲带动别人，给别人帮助，才是更大的成功。

真正的成功是什么？成功的人一定要把自己"肚里有的东西"倒出来，不能做煮饺子的壶。自己成功是小众思维，身体力行使人们得到的榜样作用并不广泛，把成功的经验和高瞻远瞩的战略思维通过语言传播给大众，则会传播得更久远、更广博。用行动教人成功只是授人以鱼，用演说灌输的成功思维才是授人以渔。就像博恩·崔西在他《创建你的未来》的书里说的那样，"你会成为你经常想象的那种人，你会成为你经常说的那种人，你会成为你经常教导别人要成为的那种人"。

我们要像成功的人那样去演说，把成功和梦想放在嘴上，经常说就会成为所说的那样。因为当你是一个演说者时，你就会不停地激活自己的梦想。当你想成为一个成功的演说家时，一定会激励自己学习别人的长处，渴望把自己内心的声音更真实、更生动地分享给你的听众。如果我们小有所成，一定要像成功人士那样用语言教导别人成为要成为的那种人。有了这种责任，学习速度和语言功力的提升会自动加速，是责任鞭策自己成为一个更加优秀的人。

成功人士是天生的演说家，而普通大众每个人都可以通过自己的努力修炼成一个演说家。因为普通的人在生命中要用到的口才和演说更多。个人资质差不多的两个人去竞聘一个岗位时，好口才就是胜出的筹码。个人能力是实力，良好的沟通力即是前锋，没有开道前锋，后面纵使有再大的能力也没有施展的机会。两个小伙子追求女生，会说话的男生更受女生青睐，恋爱成功的几率会更大。普通的人，要接触各个行业，好口才就能带来好业绩，也会给自己的事业和前途铺平道路。李嘉诚的基业常青得益于他的创业精神，更得益于他的公众演讲力。他说过，演讲是提升自信、传播大爱、打造个人品牌、增强影响力、建立非凡自信、成就伟大事业、传播人类智慧的最有力武器、最强大工具！一讲赢天下！

如果原子弹和互联网是威力无比的武器，那么，演说力更是真正的武器。演说力不用携带，不用挂靠，靠的只是大脑指挥嘴，演说力的威力堪比原子弹，成功效应可以媲美互联网，我们循着成功人的脚步，让演说成就我们普通却不平凡的人生。

二、演说的现实作用与意义

演说的现实作用太多了，往小了说，自我介绍需要演说，竞聘上岗需要演说，工作述职需要演说，提高自信需要演说，鼓励别人需要演说；往大了说，商务谈判需要演说，主持会议需要演说，宣传动员需要演说，总统选举需要演说。对内，解释问题需用演说，沟通需要演说；对外，打通人脉需要演说，征服他人需要演说。由此可见，演说是现实中必不可少的技能和资本，学会演说将受用一辈子。

第一，学会演说使说话更得体，赢得人心。

常言道："良言一句三冬暖，恶语伤人六月寒"，可见语言的力量是不容小觑的。见人说人话，见鬼说鬼话，很形象地强调了语言的艺术和会说话的魅力。比如，见了胖人说富态就好听，说臃肿就不中听；见了瘦人说苗条、骨感就好听，但说骨瘦如柴就难听了。

有一则历史趣闻：

话说朱元璋做了皇帝。有一天，他以前的一位难友从乡下赶到京城去找他，其中一个人对他说："我主万岁！当年微臣随驾扫荡芦州府，打破罐州城，汤元帅在逃，拿住豆将军，红孩儿当关，多亏菜将军。"

他这话说得很委婉，朱元璋听了心里很高兴。回想起来，也隐约记起了他说的话里像是包含了一些从前的事情，所以，立刻就封他为大官。

另外一个朋友得知了这个消息，他心想："同是那时候一块儿玩的人，他去了既然有官做，我去当然也不会倒霉的吧？"他也就去了。一见朱元璋的面，他就直通通地说："我主万岁！还记得吗？从前，我们两个都替人家看牛，有一天，我们在芦花荡里，把偷来的豆子放在瓦罐里煮，还没等煮熟，大家就抢着吃，罐子都被打破了，撒了一地的豆子，汤都泼在泥地里。你只顾从地下满把地抓豆子吃，不小心把红草叶子也一同吃进嘴里了，叶子梗在喉咙口，苦得你哭笑不得。还是我出的主意，叫你用青菜叶子放在手上一并吞下去，这样红草叶子才一起下肚了……"

他说这些话，朱元璋嫌他太不会顾全体面，等不得说完就连声大叫："推出去斩了！推出去斩了！"

演说让人时刻注意语言的分寸和效果，知道如何说话让人舒服，让人乐于接受。

第二，演说会吸引合作伙伴。

没有任何人可以靠一个人的力量去盖一栋大楼；没有任何人可以靠一个人的力量去拍一部电影；没有任何人可以靠一个人的力量去办上万人的演唱会；没有任何人可以靠一个人的力量赢得大选管理国家。任何人想要实现自己的远大理想都要拥有顶尖的团队力量。想干成任何大事，除了资金之外，就是人才。"21世纪什么最贵？人才。"现如今，无论是国家与国家的竞争，组织与组织的竞争，还是企业与企业的竞争，归根结底都是人才的竞争，谁能在最短的时间内吸引最多的人才，谁就是市场上最大的赢家。而吸引人才最快、最有效的办法就是公众演说。

在文明进步的信息化社会，大部分人创造财富不再凭蛮力和体力，而是靠头脑和思维，大脑指挥嘴。掌握了演说的技巧和能力，就会带来财富。我们要跟各行各业的人打交道，凭什么赢得别人的关注和重视，进而达成合作呢？靠演说。很多创业类节目里上演的那些真实的创业者故事，他们要想得到导师的认可和现场投资人的赞助，关键在于他们在台上演说得是否能打动人。两个都不错的项目，往往因为创业者个人演说能力的不同，融到的资金也会有多有少，足以说明演说的力量有时会超过优质的项目。

第三，演说让人建立自信，展示魅力。

疯狂英语创始人李阳，他的故事很多人都知道。他从小是个自卑的人，演讲改变了他的人生，给了他灿烂的前途。李阳并非生来就是英语天才。小时候，李阳只是一个普通的孩子，他害羞、内向，不敢见陌生人、不敢接电话、不敢去看电影，甚至做理疗时仪器漏电灼伤了脸也不敢出声。是演讲把他变成了自信十足、魅力超群的人。当所有的人跟他一起喊出流利的英语时，他像个英雄。他用激情演讲，向全国100余座城市2500万人送去李阳疯狂英语快速突破法，通过报纸、电视、广播、杂志等渠道，上亿人从中受到启发，无数人从此走上了英语和人生成功之路。

第四，演说可以销售产品。

第一种场景是，卖家进行商品降价大甩卖时，卖家叫卖得越起劲，你也许越不可能停下脚步。第二种场景是，一个人拿着扩音喇叭站在广场激情演说，周围很快就会围拢一伙人。人们往往不是受产品吸引，而是被演说者的激情吸引，随着演说者的推演和现场示范，再带动现场气氛，产品能很快售完。也许第一种场景和第二种场景产品相同，唯一不同的是演说的效果。会演说才能更好地销售产品。

假如你销售一套价值10万元的产品，可以领到15%的佣金，也就是15000元，若一次只谈一个客户，一次需要花2小时的时间，即便是成功一次也最多能挣15000元，对吧。若是你学会演说，能够同时面对100多个人做公众演说式的销售说明，同样花2小时的时间，即使只有10%～30%的成交率，也至少会有10～30个人跟你购买，你可以在同样的2小时内，创造15万～45万元的收入，不可思议吧。

演说在现实中的意义和作用远不止以上几点，演说是一门综合艺术。演说比讲故事还绘声绘色，比戏剧还有戏剧性，比现场直播更具有临场发挥的能力挑战，学会演说影响深远。演讲力已成为很多行业基本素质之一，如推销员、教师、领导、主持人等都将在个人修炼演说力上受益。

第二章 演说，究竟是什么

一、演说的本质和目的

演说的一种定义，是指在公众场所，以有声语言为主要手段，以体态语言为辅助手段，针对某个具体问题，鲜明、完整地发表自己的见解和主张，阐明事理或抒发情感，进行宣传鼓动的一种语言交际活动。我认为，真正的演说，就是你要表达的主旨，你向听众传递了可以让他们产生共鸣的东西。这个东西可以是一种观点，一种思想，一种社会现象，或者是一种价值。

演说是一个人思想水平和各种独到见解的集中"亮相"。演说，不是照本宣科，那只能算做读文章，念稿子，纸上谈兵。演说，是要把稿子装在脑子里，变成好听的、别人所喜闻乐见的语言。让听众听到你的演说便能产生画面感，产生同理心。

演说不是一个人在上面喊半天口号，而观众听得云山雾罩，这样的演说即使演说者讲得激情四射，终究是徒有华声没有内容。所以，演说也是一种有目的的活动，而且这是双向的目的，演说者既有传达的目的，听众也有自己获得的目的。那么，演说有哪些目的呢？

1. 从演说者目的看

一个演说者，不论是推行商业主张还是政治观点，不论是传播道德伦理还是传授知识和技艺，都是为了使听众取得共识，同意自己的主张和见解，达到说服别人推行自己的目的。例如，林肯解放黑奴的演讲，目的就是动员美国人民为解放黑奴、废除奴隶制而斗争；杨振宁、李政道二位科学家发表的学术演讲，目的就是宣传他们的科学发现，让社会接受其正确观点，从而推动科学文化的进步；闻一多所做的《最后一次演讲》目的是揭露和痛斥敌人、鼓舞民众为和平与民主而斗争。

2. 从听众听演说的目的看

听演说的人跟听歌剧、听相声的人一样，他们听讲之前的心理是有预期和目的的。演讲者能不能让听众跟着笑不是重点，能跟着你的观点进行思考才是关键。每个听众个人资质不同，学历文化不同，年龄性别不同，他们听演说的目的也会出现偏差和不同，产生的理解力不一样，他们会各取所需。那么，听众需要的目的是不是演讲者想要传达的目的，这就是演说的一致性。只有这个达成了，才算是一场成功的演说。

3. 从演说的价值目的看

演说是一场声情并茂的传递，也是一份真正意义上价值的传递。如果演说者是一个成功人士，自己的成功足迹和个人奋斗史本来就是一场励志大戏。用经验和鼓励带给别人更多帮助，让听众追随标杆、学习榜样，从而带动更多的人去成功。

演讲是一种复杂的社会实践，更是一种工具。要想利用好这个互动的工具，演说者必须树立明确的演讲目的，既能传递信息，又能影响行动，并且还能塑造感情。做到说者与听者的统一、思考与行动的统一、语言传递和价值认同的统一，这样的演讲才是有意义的、有价值的。把每一次演说当成一次现场直播，心中的演讲稿是剧本，演讲者是主角，听众满意度就是收视率。

二、演说的分类

演说没有固定分类标准，随着人们对演说的认识水平提高和演说的多样化发展，演说可以分出很多类型。一般从内容、目的、场所和方式分类如下：

（1）按演讲内容大致分为：①政治演讲（或称竞选演说）、就职演说（或称就职宣言）、会议辩论、集会演说等；②教育演讲，包括知识讲座、学术报告等；③宗教演讲；④经济演讲，包括商业广告演讲、投标介绍演讲等；⑤军事演讲。

（2）按演讲目的大致分为：①娱乐性演讲；②传授性演讲（或称学术演讲）；③说服性演讲；④鼓动性演讲；⑤凭吊性演讲（或称葬礼性演讲）等。

（3）按演讲场所大致分为：①游说性演讲，巡回演讲；②街头演讲；③宫廷演讲；④法庭演讲（或称司法演讲）；⑤课堂演讲；⑥教堂演讲；⑦大会演讲；⑧宴会演讲；⑨广播演讲和电视演讲等。

（4）按演讲方式大致可归纳为八个类型，即读稿式演讲、背诵式演讲（或称脱稿演讲）、提纲式演讲、即兴式演讲、辩论式演讲、竞选演讲、凭吊性演讲、辩护演讲。

下面谈谈这些演讲类型的具体做法：

1. 读稿式演讲

演说者上台之前事先准备好演讲稿，上台演说时不是脱稿，要照稿宣读。优点是，纸面的文字可以进行反复修改，达到稿件严谨，用词得当，不会因为临场发挥不好影响稿件的严肃性。这种演说方式比较适合大型而且严肃的场面，比如政府工作报告、外交部的声明等。不足之处在于，演说者只顾低头读稿，限制了与听众的感情交流和互动。如果稿件繁杂冗长，容易使听众犯困，注意力难以长久集中。

2. 背诵式演讲

顾名思义，就是不用看稿的脱稿演说。这种演说是众多演讲中使用最广泛的一种。这种好处在于，演说者上台之前对自己所设计的稿件进行精细加工、字斟句酌，然后反复背诵默记于心，胸有成竹才会上台演说。这种演说适用于能力弱、初学者，不太会随机应变的演说者。但弊端在于，演说者受限于提前背诵好的演讲稿，装饰痕迹重，在现场会有表演痕迹，给听众留下僵化造作的印象，不利于提高演说的效果。

3. 提纲式演讲

演说者对于演讲稿不用一字一句背诵，也不用死记硬背，只需要把演说的内容按提纲形式写下来，然后借助提纲进行演说。这种演说比背诵式和读稿式进了一步，在与观众情感交流和现场互动方面有了明显的提高。而且提纲的灵活性强，能根据听众的反应临时调整演说内容，真实感强。这种演说既能做到心中有数，又能根据需要开启演说者思维。

4. 即兴式演讲

即兴演说是一种高水平的现场发挥，有主动和被动两种。所谓主动是指没有外力的推动和督促而发表的，演说者一般是会议的主持人。如主持演讲会，要介绍会议内容和宗旨、介绍演讲者；如主持欢迎会、欢送会、茶话会、喜庆宴等，要做开场白和一些即兴讲话。所谓被动是指演说者本未打算演说，但在外力（如主持人的敦请）推动下，不得已临时发表演讲。这类演说亲和力好，现场的效果也很有喜感，互动性增强。但对于演说的人来说，是个比较大的挑战，需有临场的应对机智和语言组织水平，还要有对现场主题的精确把握。不管怎样，即兴演说是一个很好的演说方式。幽默感在这种演说中必不可少，如果有了幽默感可以化危机为欢乐。

5. 辩论式演讲

这种演说方式一般指对某个问题或某种情况进行论辩、比较，以断定其是非曲直的演说。一般用于政治界、学术界等一些演讲比赛。如"全国十城市青少年演讲邀请赛"、"大学生辩论赛"等。

6. 竞选演讲

政治演讲的一种。演讲者向公众阐明自己的政治主张和实施方案，或同竞争对手展开辩论，以赢得公众的拥护，从而获得某种领导职位而做的演讲。在西方国家被普遍使用，它是竞选议员和政府首脑的一种手段。如林肯、奥巴马、曼德拉等的演说就属于这类。

7. 凭吊性演讲

在葬礼上或者在纪念某人逝世周年的大会上所作的演讲，也称葬礼演说。形成于古希腊，据《伯罗奔尼撒战争史》记载，雅典人很早就有了在举行葬礼时发表演说的习俗，主要用于凭吊在战争中阵亡的将士，每年举行一次。现存最早最著名的古希腊凭吊演说辞，是伯里克利（约公元前495年—公元前429年）在伯罗奔尼撒战争第一年后公葬阵亡将士的演说。这种演说后来传到古罗马，再由古罗马传遍欧洲及全世界，其适用范围也逐渐扩大。

8. 辩护演讲

这种演说大多属于法律范畴，被告为了证明自己无罪或轻罪，自己为自己或聘请律师来进行的辩护演说。被告在法庭上发表的辩护演说叫直接辩护演说；在法庭以外的场合发表的叫间接辩护演说，但它起不到自辩的作用。辩护演说还可从性质上分为两类：一类是纯粹为个人或某一案件进行辩护的演说；另一类在表面上看来是为个人，实际上却是为了某项事业或某一阶级、政党或团体发表的演说，这种演说不是单纯地用于无罪或轻罪的自辩，因而在力度、情感、气势诸方面更为强烈宏大，也更能打动听众的心。

对于演说，还有其他的分类方式，有单人演说，还有多人演说，以及游行演说、集会演说、亲子教育演说等，对于喜欢研究演说分类的人，可以私下多研究这方面的资料。

第三章 演说，就要会"讲"善"演"

一、内在练底蕴，外在练口才

"台上十分钟，台下十年功"，用在演说上也很贴切。如果演说要靠一张嘴，而真正有内涵的演说，凭的却是内在的真功夫。想成为一个职业的演说者，讲了一年和三年会有很大的不同，更不要说练了十年的人，就会出现本质的改变。上台演说三分钟就能给人耳目一新的感觉，因为有底蕴，说话才能有底气。内在智慧和学识的沉淀就是讲台上妙语连珠的外显。关于修炼内功，有个非常出名的例子：

古人苏秦初学纵横术后，为了能找到用武之地，他变卖了家产，四处游说。可是几年过后，不仅没得到一官半职，钱也用光了，他只好又回到家里。然而，父母认为他是没用的败家子，给他白眼；妻子认为他没出息，坐在织布机上不理他；兄嫂认为他没本事，不给他饭吃。这对苏秦的刺激很大，他发誓一定要出人头地。于是，他开始发愤读书，困了就用锥子刺自己的大腿来提神。经过一段时间的苦读，苏秦再次出游。他针对秦国的野心，提出六国联合对付秦国的合纵术，得到六国的赞同。他身佩六国的相印，成为显赫天下的名人。

古人苏秦算不算名嘴？肯定算。游说六国之前他并不风光，最终能显赫天下佩六国相印，离不开他坚韧的学习精神和内心抱定不甘落后的精神。

每个演说者，都需要有这种精神，先修内功，再学说话。有一位业界的老师说过："口乃心之门户"，要想说的话漂亮，让人乐于接受，那么，首先要提高内在的修为。高尔基曾说过："用知识武装起来的人是不可战胜的。一个人知道得越多，他就越有力量。"

我给很多企业家和公司做演讲，辅导过很多销售人员，也帮助企业培养了很多干部，我做演说的目的，是希望通过自己的辅导使他们既可以演说，也可以传递企业精神和团队价值。而且大部分听课的企业家和团队对演说非常认可和渴望，希望自己也可以成为演说者，去带动身边的人。

我的一位梦想合伙人天雅纺织有限公司的马董事长已经50多岁，人虽半百做事却非常用心，我给他辅导过的每一节课，他都回去非常用心地练习。前段时间他参加了集团的一个大型的培训会，他作为公司的董事长出席、演讲，上台发言了几分钟。他发言结束后，连给他们公司做培训的老师都偷偷对他说：你的演讲太厉害了，你是不是最近接受过什么高人的指点？他回答说：我最近确实找到一位演讲专家在帮我做演讲的辅导。其实，真正的高人是他自己。

一个人想要做出改变，重要的不是听了几场演讲，而是真正亲身去实践，去用心学习。普通的人变成高人可以有捷径，就是不断学习。从多看、多听、多思考入手。

多看。目前的社会资讯和信息浩如烟海，不像以往找不到学习的途径，任何一个地方都能让自己提高。多看书籍，书是别人的思想，一个人借鉴别人的思想越多，越能有自己的思想见地。演说者是一个杂家，要不拘一格读书。演说者要面对的听众形形色色，你不知道每个听众的长项和能力，只有自己博学了才不怕别人的问题难倒自己。演说者要成为上知天文下知地理的全才，而不要做孤陋寡闻的专才。先通才能后专，二者相辅相成。

再者，看别人的演讲视频。尤其要选择国内外优秀的演讲大师的视频，看他们在演讲台上的风度和言谈举止，看他们的仪态和风格。在吸收别人精华的同时，修正自己的短板，达到真正的提高。

多听。先说给自己听。打多少遍腹稿不如讲出来让耳朵判断你的声音是否洪亮，情感是否饱满，语言表达是否流畅，自己给自己录音，用旁听者的角度去审查自己讲话的水平。然后听专业人士的语言，比如播音员的发音，主持人的现场发挥，以及多听各类型的演说，体会不同的氛围对于演说的要求。

林肯，是闻名于世的大演讲家。他的成功就在于他从青少年时代就开始了对演讲口才的刻苦练习，并做到了多看、多听。他年轻时当过农民、伐木工、店员、邮政管理员以及土地测量员等。为了成为一名律师，他常常徒步30 英里，到一个法院去听律师们的辩护词，看他们如何辩论，如何做手势。他一边倾听那些政治家、演说家的声若洪钟、慷慨激昂的演说，一边模仿他们。他听了那些云游四方的福音传教士挥舞手臂、声震长空的布道，回来后也学他们的样子，对着树林和玉米地反复练习演讲。演讲的成功使林肯终于成为一名雄辩的律师并最终踏入政界。

除了多看、多听，还要多思考。看过听过只是学到了皮毛，而真正自省才是深度学习，思考能让自己找到不足。什么样的演说能深入人心，人们喜欢听什么？哪些话说得不妥需要改进？多思者，就能从中悟出道理，获得经验和教训。演说者的口才很重要，而支撑口才的底蕴和内涵更重要。

二、演讲要出彩，善借是关键

现在最火的是什么？互联网。雷军说过最经典的一句话："站在风口，猪都会飞。"小米手机借助互联网的粉丝经济的确飞得很高。古人也说过："君子生（性）非异也，善假于物也。"善假于物，就是要善于借助外部力量成就自己的精彩人生。作为演讲者，要想在演说过程中真正出彩，善借是关键。

一段平铺直叙的文字直接说出来要想打动人并不容易，如果是一个有人物、有时间、有情景的故事效果则完全不一样。如果演讲者能恰如其分在演讲的时候说一个应情应景的故事或笑话，场面会立刻活跃起来，也能使原本有些僵化的场面变得热情起来。

演说者一旦只在理论上下大功夫，讲一堆大道理，人们会出现两种反应，要么不想听说教，要么犯困打瞌睡，听不下去。有一个演说中借物喻物的例子：

某地举办的"扶贫读书会"奖金筹措动员会上，一位领导这样讲道："首先请大家看看摆在讲台上的这盆鲜花，它色彩鲜艳，形态美丽，还发出诱人的芳香。它的美丽和芳香是怎么来的呢？如果没有肥沃的土壤、充足的阳光雨露和人们精心的呵护，它会这样美丽吗？怕是早就枯萎凋零了。在我们生活的这个贫困地区，有一些学龄儿童，他们聪明美丽，渴望读书，就像这盆花一样可爱。但是，贫困使他们失学，他们就像失去了土壤、阳光、雨露的花儿一样，不能正常生长。他们聪明却不能学习，不能学到谋生的技能和建设祖国的本领……让我们都来献出自己的爱心，为他们做一点好事吧！谢谢你们啦！"台下顿时响起暴风雨般的掌声。

人们常常把儿童比喻成祖国的花朵，演讲者正好借用了讲台上的那盆鲜花，由此联系到急需资助的贫困学龄儿童，既符合人们的思维习惯，又紧扣演讲的主题，而且语言生动形象，情感淳朴真挚，富于鼓动性，听众乐于接受，效果十分显著。

演说中除了借物还可以借时发挥，借景发挥，借地发挥。有一次我给企业做演讲，刚上台台下齐刷刷的眼睛注视着我。当时我稍微有些紧张，努力搜索肚子里的语言，该怎么缓解自己的情绪。于是我说："我刚到这里，就收到了不少'礼品'，而且现在，准确地说，在我说话的时刻，大家还在源源不断地送来。"大家有些纳闷，张望着我的眼里有惊讶和不解，我接着说："大家心里一定想，我没送呀，台上这个人胡吹呢吧？其实，大家确实送了，只不过没在意，或者说不知不觉罢了。这'礼品'就是大家友好热情的目光。（台下笑）目光？是的。我发现，大家向我投来了各种各样的目光：有信任的，有期待的，有疑惑的，也有无所谓的……我觉得，大家的目光，就是为我上台准备的礼品：有玫瑰，有玉兰，也有仙人掌，（台下大笑）不管什么样的目光，不管什么人是怎样的'礼品'，我都愿意收下，我都收下了！（台下热烈鼓掌）并且，我还应说上一句：谢谢大家！（台下再次鼓掌）。礼尚往来是我们中国的传统，既然大家这么热情送礼于我，我一定倾心回礼。给大家讲讲企业的礼，领导者做得有理，员工如何听得有理，我怎样讲得在理。"就这样，本来如此紧张的我，借景发挥最后巧妙缓解了紧张，而且使现场氛围温暖起来，也为我下面演讲顺利奠定了基础。

还有一次是给一家环保企业做演说，那时正好是早春二月，天气乍暖还寒的季节。听演说的现场人们激情还是蛮高的，虽然被春风吹得一个个原本精心打理的发型有些散乱。我当时一进会场就这样开场："谢谢大家沐浴着春风来这里，春风十里，不如你。你们都是温暖的春风，要吹乱发型还是吹开百花全靠你。环境保护就是这样，一个人的选择决定一个人的高度。我们每个人保证身边一米范围的干净，在环保的路上则会迈出一大步。我们每个普通的人是一缕风，却能吹开百花盛放。"

我之所以这么说，就是借"时"发挥。大家感受了春风拂面，又讨厌被吹乱发型。用这个非此即彼来比喻一个人对于环保的态度。

事实证明，演说中善借能出彩，演说者只要掌握了"借"的技巧，演讲不但能吸引人，还会感动人，并真正做到让听众喜爱和接受。

第四章 "销讲"就是要以听众需求为导向，以讲促销

一、销讲不是要"能说"，而是要"会说"

销售演说作为演说的一个类型，比其他类型的演说更重要，更有意义。为什么这么说呢？在这个世界上，一个人说服水平的高低，决定他生活水平的高低。各行各业无不在销售，销售服务、销售产品、销售文化理念等。所以，做好销售演讲是一个演讲师要学的最重要一课。一个高水平的演讲师，一定是销售能力超群卓越的人。

销售演说，顾名思义是为了推广或销售某个产品或某种服务去做的演说。所以，我们追求的最终目标是怎样让听众感受到所销产品的优质，让每一个听众听了演说者所说的内容有购买和尝试的欲望。

听众，是我们的目标客户或潜在客户，他们不是"一无所知"，在听演说之前他们对要听的内容已经掌握了一些情况。有部分人对产品或理念以及所属的这个行业情况非常了解，有部分人不太了解，有些人对产品感兴趣，有些人表示反对，只是来现场凑热闹，并不打算接受演说者的鼓动或激励。每个客户的情况不一样，对我们的产品或服务表现出的热衷程度也因人而异。如果演说者一味介绍自己的产品或服务，会使客户产生反感。好的销售演讲不是滔滔不绝的"能说"，而是有选择的"会说"。

演讲师或销售人员讲了什么不重要，重要的是你的听众记住了多少，人的大脑不是录音机和录像机，记忆力会随着环境、声音、精神状态发生改变，如果我跟大家聊天，一直在谈论关于自己的事情，你可能早从心底反感了。你能记住的东西并不会很多，因为你对我的事情不感兴趣，客户更想听自己感兴趣的，说客户的事情。对于听众来说也是同样如此，重要的是我们谈的内容不是听众关心的、有兴趣了解的信息，因此听后也会很容易就忘记。

一个人说话越多，可能出现的漏洞也就越多，听众更有可能提出反对意见，因为现场客户表达得少，销讲人员没有针对客户的需要而推荐自己的产品或服务理念，会让客户产生一种"王婆卖瓜自卖自夸"的感觉。反之，效果就会好很多。让现场的客户发言，他们说得越多，销讲人员越能了解自己客户的心理，越能对客户提出的问题给予有针对性的回答。

销售演说在提升演讲技能时，一定要牢记以下几个要点：

（1）让现场保持缓慢的节奏，不要让快速的语言带给客户压力。在客户产生心理负担或不快感受之前，一般客户最多能听三句话，其他讲得再眉飞色舞、口若悬河都没用，客户的思维早已跟你不在一个节奏。所以会演说的，要会提问现场客户，让他们用回答的方式来透露他们的内心真实需求。

（2）认真倾听。会说的销售演讲师，一定是懂得倾听的人。这也是与客户建立信任关系的前提。当客户说话时，认真听，第一是尊重客户，第二是从客户的声调和面部表情来探究客户真实的内心，可以更好地掌握客户的真实态度和情绪。用这种基本的方式来联系客户是把销售演讲转化成真正交易的关键。

（3）把握真正的有需求的客户。销售人员经常犯的一个问题是把目标锁错了对象，有的客户本来不想购买，可是销售人员错误地当成了目标，而真正的购买者销售人员并没有把握住。要想找到真正有需求的客户，最佳途径就是问问题，比如："如果我给你一个合理的价格，那么你会在多长的时间内做出决定？"一般，真正有需求的客户会毫不犹豫，而那些并没有购买需求的人，或许会闪烁其词。

（4）有销售就会有拒绝。这是我们每一次做销售演讲之前都该想好的问题。如何来应对客户的拒绝呢？要学会合理推断客户可能拒绝的理由，在客户说出这个理由之前就要想好应对的语言。比如："有人说我们的产品价格有点高，但是……"在不诋毁别人产品的同时，承认自己产品的优缺点，这样客户就会对你更有信任感。

二、多讲别人"想听的"，少说自己"想说的"

美国总统林肯说过："当我准备发言时总会花三分之二的时间考虑听众想听什么，而只用三分之一的时间考虑我想说什么。"我们都知道打仗要知己知彼，方能百战不殆。任何一种演讲，其成功的关键都在于听众对演讲的接受，因为他们才是这个场合的中心人物，而不是我们。

讲这个内容之前，先用一个经典的故事告诉大家，什么是"别人想听的"，什么是"自己想说"的。

有一位老太太去买菜，路过四个水果摊。四家卖的苹果相近，但老太太并没有在最先路过的第一家和第二家买苹果，而是在第三家买了一斤，更奇怪的是在第四家又买了两斤。

1. 摊主一

老太太去买菜，路过水果摊，就问摊主："苹果怎么样啊？"摊主回答："我的苹果特别好吃，又大又甜！"老太太摇摇头走开了。

这个摊主，充其量是个王婆，自卖苹果自夸香甜，这就是他想说的，而没有探寻老太太的真实需求，不知道老太太想听什么，所以这个不会达成买卖是肯定的。

2. 摊主二

老太太又到一个摊子，问："你的苹果什么口味的？"摊主措手不及："早上刚到的货，没来得及尝尝，看这红润的表皮应该很甜。"老太太二话没说扭头就走了。

这位摊主诚实有余，对产品信心不足。既没敢说自己想说的，也没找到客户想听的。销售人员应该做一个自信从容的产品代言人。自己没有对产品亲身体验，所以也说不出真实和详细的感受，而这种真正的体验才是卖点。销售人员对产品模棱两可，客户更不会放心，所以，客户没有听到她想要的东西只能扭头就走。

3. 摊主三

旁边的摊主见状问道："老太太，您要什么苹果，我这里种类很全！"

老太太："我想买酸点的苹果。"

摊主："我这种苹果口感比较酸，请问您要多少斤？"

老太太："那就来一斤吧。"

这位摊主较前两位有进步，首先学会用询问来发掘客户需求，进行了销售最有效的一步，客户说了一点儿自己的需求，而摊主没有深挖背后的动机，属于客户自主购买，那摊主的销售肯定不会放到最大化。再看看最后一位销售得非常不错的摊主是怎么做的。

4. 摊主四

这时她又看到一个摊主的苹果便去询问："你的苹果怎么样啊？"

摊主："我的苹果很不错的，请问您想要什么样的苹果呢？"（用询问来探究客户需求）

老太太："我想要酸一些的。"

摊主："一般人买苹果都是要大的甜的，您为什么要酸苹果呢？"（继续用询问探究更深的需求）

老太太："儿媳妇儿怀孕了，想吃点酸的苹果。"

摊主："老太太您对儿媳妇儿真是体贴啊，将来您媳妇儿一定能给您生一个大胖孙子（适度恭维，拉近距离，这是人最爱听的话）。几个月以前，附近也有两家要生孩子的，她们就来我这里买苹果（用案例说话，让客户信任），您猜怎么着？这两家都生了个儿子（营造情景，给老人以想象），您想

要多少？"（把握成交时机，直接让客户下单）

老太太："我再来两斤吧。"

老太太被摊主说得高兴了，摊主又给老太太介绍其他水果。

摊主："橘子也适合孕妇吃，酸甜还有多种维生素，特别有营养（连单销售，不声不响把竞争对手的机会占了），您要是给媳妇儿来点橘子，她肯定开心（愿景引发）！"

老太太："是嘛！好，那就来三斤橘子吧。"

摊主："您人可真好，媳妇儿有您这样的婆婆，实在太有福气了！"（适度的拍马屁，说人想听的话，既销售了产品，又维护了客户）

摊主称赞着老太太的同时，又介绍他的水果每天都是几点进货，天天卖光，保证新鲜，要是好吃了，让老太太再过来（建立客户黏性，从新客户发展成老客户）。

老太太被摊主夸得开心，说："要是吃得好，让朋友也来买"，然后提着水果，满意地回家了。

我给大家分析的这个故事就是一个很典型的如何说话的案例，真正的销售演讲也是这样，多讲别人想听的，少说自己想说的，多用"你，你们"，尽量少用"我，我们"。

例如：2003 年我们国家发生了"非典"，这件事情对于大多数公司和企业来说都是一场大灾难，如果企业负责人要在员工大会宣布每个人工资下调30%，该如何讲呢？为了取得理想的效果，一位管理者是这样说的：

各位同仁，当初你们进公司的时候大多数都是我招聘来的。我看着你们一个个不断成熟进步，今天大部分人都成为公司骨干，有的还走上了领导岗位。正是因为有了你们，公司才发生了巨大的变化，产品质量过硬了，市场打开了，经济效益翻了几番，还建立了全国的销售网络。这一切成绩的取得都与我们大家的共同努力、团结一心是分不开的。

可是，今年国家发生了"非典"，我们的国家和公司都遭受了巨大的经济损失。这几个月，公司几乎没有任何资金进账，而每天的开支还很大，这样下去对公司来讲是一个很大的挑战，这也是公司面临的一个难关。我相信这只是暂时的，只要渡过这个难关，企业就会有很大的发展。但是，怎样渡过这个难关呢？

我相信，只要我们像过去一样团结一心，众志成城，就一定能渡过难关。所以我提议，从我开始，从明天起，每个人工资下调30％，等企业恢复了生产，经济效益转好了，再给大家把损失补回来，好吗？

这样一讲，大部分人都能接受。如果这个领导开始就讲每个人工资下调30％，可能大家立马不满意了，怎么可能把话听下去。相反，领导也得到了听众支持，然后把需要他们的支持讲出来，如从今天起每个人工资下调30％。如此，大家就比较容易接受了。

三、听众的需求点，就是"销讲"的关键点

销售演讲作为演讲的一个类别来说，在演讲中占绝对重要的地位。任何一场演讲不外乎两个目的：①销售产品卖服务；②销售自己然后做到继续销售产品或服务。销售演讲也称为说服性演讲。很明显，销售演讲的目的就是说服客户或者观众进行产品的购买。

销售人员最关心的问题就是"客户需求是什么"，销售演讲同样是这样，听众的需求点，才是整个演讲的关键点。只有找到客户的需求，才能像一艘找到航线的船只，坚定而有力地前行。客户的需求一般可以分为两种，一种是客户说出来的、明显的；另外一种是客户没有说出来的，甚至客户自己都无法清晰描述的。这些需求都需要销讲人员应用技巧加以挖掘。

假如有一个人正在去攀登喜马拉雅山的路上，刚要离开营地的时候，忽然听见轰隆一声巨响——发生雪崩了。这时，领队转身对他的同伴们说："这种情况你们可能不了解，但我做领队很多年了有丰富的经验，上次喜马拉雅山雪崩的时候，我带的队伍是唯一一支所有人都能活下来的。听我说，咱们要想活着出去，现在必须要这么做……"

这个领队接下来的话，在场的人会不会认真听呢？肯定非常认真。为什么呢？因为他说的话满足了听众的求生需求。

有一次，我去参加一个会议，有位先生在会上发言的内容是：微营销社群经济怎样才能发展壮大，为社群成员创造价值。听众对这个话题确实非常感兴趣，因此也特别关注这位先生的发言。然而他却开始闲聊，越聊越远，什么也没说清楚。总共半小时的发言，他说了几十次"你们懂的"。即使是这样，就因为他的话题满足了听众的需求，人们还是对他报以热烈的掌声。听众觉得，那位先生关心他们，了解他们真正感兴趣的是什么。

由此可见，了解听众的真正需求，是多么重要的事情。如果你能做到这一点，即使观点没多少新意甚至非常平庸的演讲，也可能受到人们的欢迎；如果你做不到，再好的演讲也有可能以失败告终。那么，从哪些方面入手呢？

1. 你能够为客户解决问题

透过现象看本质，客户真正需要的是什么，客户向你购买的背后是解决哪些问题？千万不要围绕着产品做文章，一定要围绕着问题做文章。思考一下，客户向你购买，真正的原因是什么？是你帮助他解决了哪些问题？把这些内容提前列出来，印在准备的宣传材料或网站上。让客户和你产生共鸣，甚至唤醒客户沉睡的需求。记住：永远只给客户想要的，千万不要给自己想给的。

2. 让客户感觉占了大便宜才是聪明的

所有人都不喜欢便宜货，但是所有人都喜欢占小便宜。这叫本能，这叫人性。从古至今，人性不变。无论他现在多么的富有，如果你能够满足他占小便宜的心理，那么成交自然水到渠成。京东、美团、天猫这些电商的风生水起都是得益于客户的冲动购物，冲动怎么来的，哪一个不让你感觉捡一个大便宜。思考一下，你的产品，如何能够让客户购买后有捡一个大便宜的感觉？或者说，你的销售演说怎么能勾起听众的占便宜心理而产生冲动购买？

3. 让产品给客户带去神秘感

人对熟知的事情没有感觉，对新鲜和未知的东西有尝试的欲望。如果销讲人员能把一个产品介绍得具有神秘感，便会勾起人们的好奇心。在营销过程中，一套降龙十八掌，你只给客户露五掌，客户就会对剩下的十三掌产生一种神秘感，如果前五掌客户受益的话，他就会愿意掏钱购买剩下的十三掌。换句话说，如果你把十八掌一下子全给客户看了，这时候，客户并不一定会向你购买，因为他已经知道了。

4. 你能够帮助客户实现梦想

我们每一个人内心都会有梦想，如果说上面第一条——你能够为客户解决问题，那现在满足的是客户的实际需求中的心理需求。真正的销讲高手，是先找到客户的梦想和渴望，对症给予解决。根据客户的需要提供产品和服务，而不是一味地演说和推销产品。

5. 会提问的销讲人员善于在回答中发现客户需求

提出问题是为了得到答案，如果你想了解更多客户的心理状态，不要等他说出来，而要去有效地提问，这样你不仅可以了解客户内心的想法，还可以通过问题引导客户的思维方向。同时，你提出问题的品质及逻辑能力，也将展现出你是个非常专业的人。如果再具备最后的王牌——真诚，就会与客户建立信任关系，客户往往在两件相同产品的选择上，会选择让自己有安全感的那个进行购买。

所以，销讲的关键点是抓住客户的需求点，这个不仅适用于演讲，更适用于销售的各个领域。

第五章　激情，演说成功的重要砝码

一、激情是最强大的感召力

很多大师级别的演讲家，例如领袖人物、宗教专家、思想家、企业家的演讲，之所以给人留下深刻印象，原因有两点：第一，实实在在的内容，第二，带动所有人的激情。虽然他们的演讲艺术不一定高，但因为讲的东西非常实用，能够实实在在地解决我们的思想认识或者实践问题，所以比较容易受欢迎。作为普通的演说者，如果不具备超强的实用内容，那么另一种强大的感召力就是激情。有激情的老师，带动力强，举手投足间，散发出一股股的热力，会深深感染听众，所以也容易受欢迎。作为演讲者，我们应该追求：内在修炼接地气、实在并实用的演讲内容，外在修炼激情和动力，两者相结合，我们才能打造出演讲中的精品。

很多人对林肯就任美国总统时的一篇演讲赞誉备至，称为"人类最光荣而最宝贵的演讲之一，是最神圣的人类雄辩的真金"。其演讲内容如下：

"我们对于大战灾祸能够早早结束，都很热诚祈求……不论对什么人，我们都要慈爱而不要怨恨，我们坚持正义，并继续努力完成我们的工作——整顿我们已经残破的国家，纪念我们战死的烈士，善待孤儿寡母，维护人与人之间的永久和平。"

这是林肯一生中最感人的演讲，这场演讲激情澎湃，让他的人格魅力散发出了耀眼的光辉。

演讲者首先是个思想者。没有丰满思想的人，说不出丰满的话；一个有鄙俗思想的人，说不出高雅的话；一个有邪恶思想的人，演讲的水平越高，对社会危害越大。当然演讲家即使有了高尚的思想、深刻的理论、渊博的知识，如果不会激情地表达，影响力也会大打折扣。现实中就是这样，很多老师知识不可谓不渊博，学问不可谓不高深，但就因为不会完美地表达，影响力就非常有限。有的即使能够表达，但因为没有激情，语言单调乏味，肢体语言和表情木讷呆板，依然没有影响力。

被誉为"魔术之王"的塞斯顿认为自己成功的经验有两条：首先懂得人情，其次对人有真实的感情。每次上台前，他都反复地对自己说："我爱我的观众，我将尽力把最好的给他们。"如果一个演讲者对听众没有兴趣和热情，那是无法掩饰的。有了对听众的热情和事先自我的肯定与信心满满的强大自信，就能够转化为充满能量的激情。在演说中，我们应该采取"热情和激情"这个有效的背景和捷径，运用情感的力度去感染听众，充分唤起听众与演说者的"心理共鸣"。

乔布斯已逝，但他的苹果产品遍布全球，他个人的成功理念和经营方略一直存在。2008年在苹果发布会的演讲中有很多我们可以学习并借鉴的地方。有兴趣的可以找找当时的视频资料学习一下，我个人总结了几点供大家参考：

1. 与观众进行互动

乔布斯带着微笑走上台，丝毫没有让人感觉这是场产品发布会。他首先欢迎观众到来，然后没有使用投影机做图像或文字的提示，简要地（非常简要）回顾了苹果公司在2007年的骄人成绩。"我只是想借此机会谢谢各位……"这是执行长的老调，但在乔布斯口中的这番话让人们感到自然、谦恭及真心，他明白观众是多么重要，产品的发布和销量的好坏，绝对是这些观众说了算。我们的演讲也应该如此，不论任何演讲，从一开始就和观众建立良好的关系。在你需要帮助之前，和观众打成一片，这样对他们来说你就不是陌生人了，熟人之间好办事。

2. 让观众知道你要干什么

乔布斯致谢过后，并没有列出老套让人生厌的议程表和产品明细，而是迅速切入："今天我想和你们说四件事，现在开始吧。"他并没有说明是哪四件事，但让观众知道将有四件主要的事情。演讲者靠嘴说话，但不是话越多越好，有时候简单明了更能吸引人的注意力。

3. 表现出演讲者的热情

有的演讲者故意控制自己的热情显得庄重沉稳，而较少把热情和激情展示出来。不论是企业 CEO 还是一位严谨的医学博士介绍一种疾病的治疗方法，拥有激情就会使事情变得不同。乔布斯在舞台上最初的几分钟就用一些词：令人难以置信，与众不同，令人敬畏的革命。有人也许不同意他，也可能说他是过头了；但是，乔布斯相信自己是真诚的。他用自己的激情，让全世界都看见他将这真诚的热情带到了他的工作中，并有理由相信这份激情沉淀给苹果以品牌的力量和价值。

在演说时，不仅要考虑到演说的形式、内容对演讲效果的作用，还要考虑到演说的对象是人，所以演说要以情动人。听众最忌讳的是演说者在演说中盛气凌人，动辄训人，也不喜欢空洞、干巴巴的大道理。在这点上，乔布斯的演讲又做到了这些，乔布斯深谙用户的心思，既让他们满足于面子上的虚荣，又达到使用上的轻便和好用。在演讲现场，他在视觉效果上也花足了心思，来表达更快、更干净、更时尚等含义。比如他用一支铅笔很好地表达 MacBook Air 这款笔记本电脑的内部尺寸。在展示 MacBook Air 的 0.16 英寸和 0.76 英寸厚度相比同类产品的厚度更薄的特点上，乔布斯花了不少功夫。究竟有多薄？相信每个人都记住了，MacBook Air 很轻易地装在办公用标准信封里。

演讲的激情不是口若悬河，不是声调高几度，而是用一种平缓有力的语调来传达自己的思想和价值观，让人在聆听的过程中达到一种"心灵共振"。

二、调动听众情绪才能使之共鸣

所有公众演讲的目的，就是对有价值信息的传达。但是今天，大部分演讲都不能流畅地传达信息、说服听众，这个问题全球平均每天要发生几千万次，之所以出现这样的状况，是因为绝大多数商业演讲变成了密集地向听众单向灌输信息、传达数据，这根本不是交流，更不会说服听众。

好的演讲是可以调动听众情绪并能积极与之互动才能产生共鸣。

一次，著名的推销员罗伯尼去美国的一所大学演讲"成功术"。他从减肥话题拓展开来，着重论证了"事在人为"的道理，受到了听众的认可。他说：

"眼前站在你们面前的这个人，156 磅重，但他曾经不是这样，而是一个重达 207 磅的'圆球'！假若有人需要减肥的话，其实是一定办得到的。我——罗伯尼做得到，相信你们也一定能行！"此话一出，每个人都翘首以待听他的"成功真经"。

演讲者在演讲时，如果能让听众参与其中，同自己形成台上台下互动、上下呼应的局面，演讲的效果必定不错。

在演讲中，千万不能期待听众和你一样心潮澎湃，你必须能够不断地调动听众的情绪，这需要你能够满足听众的内在需求。不管你的话题多么有价值，哪怕是能够让人延年益寿，甚至能救人性命，单凭你一个人的热情都是不够的，你必须让你的听众热情起来。他们潜意识里都会对你产生怀疑，你要做的，就是打消他们的疑虑。因为，即便是围绕一个话题，你也不能什么都说，你需要说的，应当是听众希望听到的。

那么，该如何在演讲中让听众与自己的演讲互动起来呢？

1. 抛出话题，引发议论

抛砖引玉用在演讲与听众互动中很贴切。当演讲者想要谈论一个新任团队经理如何带团的话题时，可以先抛一个问题出来，比如说："领导可不可以跟下属交朋友呢？"话题一出，听众一定会就此问题开始思考一个部门经理的角色定位，当仁者智者各持己见时，演说者可以引出部门经理与下属相处时如何处理私人情感与工作关系的原则和注意事项等话题，效果就会很好。

2. 做游戏，激发兴趣

有位演讲者一上台就问："朋友们一起来做个游戏好不好？"听众兴趣陡增。他再指导听众操作："请将左右手腕到手掌边缘的横纹相叠对齐，然后左右手掌重合，再看右手比左手的中指是否要长一点点？"他指导听众操作，自己又示范，形成模仿式互动。结果大家果然发现右手比左手中指要长点，这更加激发起听众的好奇心。演讲者又说："刚才这个游戏是一位所谓的气功大师的表演。他先装模作样地向听众发气，然后再指导听众做刚才的游戏。结果人人发现自己右手中指长了一点。气功师说是他发气的结果，大家深信不疑，我当时也被愚弄了。朋友们，我可没有愚弄大家的意思啊！"听众大笑之后，演讲者进入正题，今天我们演讲的是关于"信仰的问题，要正信不要迷信"。演讲者以共同游戏的方式和听众形成模仿式互动，既激活了听众的好奇心，又巧妙地增强听众的参与意识，还集中了听众的注意力。

3. 把听众溜走的思维巧妙拉回来

演讲的过程中难免会出现演讲者在台上热血沸腾，台下听众却昏昏欲睡，或者根本没有让听众参与进来，他们的思维便会走神。

有位演讲者演讲到中途时，台下噪声四起，还有人交头接耳窃窃私语，演讲者眉头一皱，计上心来。他立即停止演讲，高翘起左手大拇指说："在场的男士们，就像大拇指——好样的！"男士们听了齐声叫"好"；他又伸出小拇指大声说："在场的女士们，就像小拇指……"女士们沸腾了，高声抗议。演讲者接着说："女士们像小拇指：小巧，伶俐，苗条，秀美，聪慧！"女士们听了，转怒为喜，报以热烈的掌声。他又举起大拇指说："男士们像大拇指：健壮有力！坚定稳重！一夫当关，万夫莫开！"男士们又欢呼雀跃了。

演讲者同时伸出大、小拇指说："大拇指和小拇指，都是好样的！"又伸出五根指头说："中间的指头，像老人和孩子居于中心位置，成为保护对象！正是这五根指头团结一致，协调配合，力量无穷，才创造了整个世界！"大家都热烈鼓掌了。他又高翘起大、小拇指问："有哪位女士愿意做大拇指，哪位男士想当小拇指呢？"台下鸦雀无声。演讲者又开始滔滔不绝地继续自己的演讲。这样的演讲者是调动听众情绪的演讲高手，更是驾驭演讲场面的高手。

4. 倾听发言，赞扬并提问

演讲既然是互动式的，那么在与听众互动过程中，听众一旦说话，就不要轻易打断。而是用我们的肢体语言进行鼓励和认可，如赞许式点头、赞扬式微笑，注视对方的眼睛，展示认真有兴趣的表情等。当听众完整地表达结束后，我们要对回答的细节进行认可和表扬，如你的回答很有趣、很有价值，即使你不是专家，我还是很希望能听到你的观点。积极的反馈可以很好地鼓舞听众参与互动。

根据心理学，人类在精神需求方面，认可和赞扬属于重要的基础需求，无论性格外向还是内向，人们在听到赞美的话后内心会很愉悦，会产生交流的冲动。演讲者在讲述专业性很强的内容时，可以先易后难对听众进行巧妙提问。

我们讲PM2.5时，我们不能直接让大家解释PM2.5的概念，而是要让他们从自身的真实体会中说出大气污染给我们造成了哪些影响。比如，雾霾造成老人孩子的呼吸道不适，爱感冒，以及在空气污染的环境中我们生活和身体上出现的状况，根据这些切身日常的体会再深一步探讨PM2.5的危害和防范措施，这样明明专业性很强的话题在良好的互动中就展开了。

第六章　故事，演说出彩的不二选择

一、你是故事大王，听众就是死忠粉

　　做演讲的人或者经常参加演讲活动的人相信都有过这种感受：成功的演说家都能够运用自己的演讲技巧让台下的听众如痴如醉，而也有很多演讲者将整场演讲变得生硬平淡，使在场听众都听得昏昏欲睡。那么，这里面有什么窍门呢？

　　窍门很简单，那就是将一些故事加入到演讲中去。

　　有位演讲者一上场，就给听众讲了一个故事——《风与木桶的故事》：

　　一个小男孩为父亲看守木桶，每天都把木桶擦得干干净净，整整齐齐地摆放好。令男孩生气的是，木桶第二天早上被风吹得东倒西歪，父亲让他把每桶里放一些水。第三天男孩起来一看，桶竟然整整齐齐地摆放在那里。小男孩很高兴，他对父亲说："木桶要想不被风吹倒，必须加重自身的重量。"父亲满意地笑了。

　　讲完这个故事演讲者提出了问题，问现场听众从这个故事中得到了哪些启发。有的说，最强者不仅是能在风中站立，还能用自己的力量改变风向。有的说，改变别人不如改变自己。也有的说，要想改变命运就要自己变得强大。虽然答案五花八门却也各有千秋。一下子就调动起了听众的积极性。演讲者最后说，要明确"木桶"、"风"和"水"的比喻意义或象征意义。"木桶"可指个人，也可指某个群体；可指一个企业，也可指整个国家和民族。"风"指代不利于个人、群体、企业、国家、民族发展的因素，如困难、挫折、社会上的不良风气等。"水"指能增强个人、群体、企业、国家和民族等的实力和竞争力的因素。一个企业要想赢得广阔的市场，不被激烈的市场竞争所淘汰，必须提升自己的竞争力；于是开始了他要讲的《企业的竞争力在哪里》，很自然地通过故事切入了主题。

这位演讲者有三点高明：一是以故事开场，自然能激发听众的兴趣，将注意力集中到演讲者的演讲内容上；二是故事讲完又提问题，让听众讨论，引起听众参与的兴趣；三是故事一定要与演讲主题相符，不能离题万里，饼摊大了就会无法驾驭。

不论看书还是听演讲，人们更愿意接受故事，而不是说教和讲道理。一个会写故事的人能成为畅销书作家，同理，一个会讲故事的演讲家，听众就是忠实的粉丝。那么，在演讲中讲故事有哪些技巧呢？

1. 讲出故事的画面感，带动听众身临其境

讲故事是叙述的艺术。听众在听演讲者讲故事的时候脑中要有放电影一样的效果，这样的讲故事才是成功的。演讲《把耻辱定格在昨天》再现了一个清朝官员在美国被投河溺死的故事：

19世纪的一天，有位满清政府驻美领事过桥到河对面去办公务，身后俩美国人看他穿着花花绿绿的官服，脑后还拖着长辫子，觉得挺好玩。一个说这个"长辫子"肯定不会游泳，另一个说也没准会几下"狗刨"。两人决定赌两瓶啤酒和一只烤鸡。说着说着，就把这位满清官员抬起来，扔进了河里。眼见他在水里扑腾扑腾地挣扎，那俩美国人非但无动于衷，不去施救，还笑得前仰后合，对下面的呼救声充耳不闻。清朝官员呛了好多水，没折腾几下，就沉到河底，活活淹死了。美国人突然记起喝啤酒吃烤鸡的事，拍拍身上的灰尘，就像什么事都没有发生过一样，头也不回地走了。

演讲者从美国人戏弄清朝官员，从打赌到扔河里，笑看其溺死甩手而去喝啤酒吃烤鸡，生动形象地再现了美国人残忍践踏清朝官员生命的过程，听

众如见其人、如临其境、如历其事。演讲者通过故事的讲述，把官员的悲剧和弱国的耻辱充分地表现了出来，令人愤慨，促人深思。

2. 触动心灵，掀起故事的冲击波

故事要服务于演讲主题，还要会挖掘故事主人公的心理。有一位演讲者在《父母大人》演讲中，讲了这样一个故事：

他是公司的一个职员。一天，他请两位领导来吃饭，要了一个火锅和几个菜式。该酒店的火锅分三个级别：680元、380元和180元。可是等差不多半个小时了，一个领导打电话来说今天不来了，有事脱不开身；他想两个人吃那么多有一点太浪费了，于是叫来服务员，说："小姐，能不能给我换一个380元的。我想我吃不了这么多。"服务员很热情，说："没问题！"一直等着，看着桌上的菜都已快上得差不多了，他想了想，又叫来服务员，说："小姐，能不能再换一个180元的火锅，你看我们两个人可能吃不了这么多的菜。"服务员还是很热情，说："没问题"。又等十多分钟，他又接了另外一个领导打来的电话，说今天有事脱不开身不来了。这下他真的傻眼了，看着满桌的菜，一个人怎么吃得下去呀？

当他正在拿着手机发呆的时候，电话又响了，是老爸打来的，老爸问："你今天回来吃饭吗？"他这才一下想到了自己家离酒店不是很远，何不叫爸妈过来吃饭，于是说："我不回来，我在酒店里点好了菜，今天请你们过来吃饭，你们不要做了，过来吃好吗？菜都已经做好了，过来就可以吃了。"没多久他的父母就到了，果然看到一大桌菜，他儿子一个人坐在那里等他们，他看着爸妈吃得挺开心的，老爸一边吃，一边问，说："这里挺高档的，菜也很好吃，应该是很贵的。"他傻傻地看着爸妈吃，想着自己不知道请了多少人来这里吃饭了，唯独没有请过自己的父母，心里边有一种说不出的感觉。

没过两天，他在公司上班，他的一个同事跟他说："你妈说你在一家高档的酒店里请他们吃饭，还点了不少该酒店里最高档的菜式，这两天见人就说你对他们有多好多好……"听到这里他终于控制不住，大哭了一场，哭得很伤心。

自这次事件之后，他没有紧要的事，都会回家陪陪他的父母。

　　这个故事讲完后，演讲者问在场的听众：谁真正请过父母，谁把父母看得比领导重要，谁想过认认真真请父母吃过一顿饭？我们的父母，是父母还是陌生人？这时候，台下竟然有听众感动落泪。这就是触动心灵的好故事，既符合主题又能冲击人的内心。

　　一个会讲故事的演讲家，开场就成功了一半。

二、好故事成就好演说

　　讲故事会让一个人的演讲从优秀走向卓越，从仅仅"有用"变成鼓舞人心的一剂良药。我们准备好主题句和支持性论述，然后设计并讲述一个有见地的故事，使这个故事在观众心目中变得生动起来，并且能够从故事中学会思考，方才达到演讲的目的。有一个关于《人性与人格》的演讲，当时演讲者讲了一个这样的故事：

　　在火车上，一个很漂亮的女列车员，盯着一个民工模样的中年人，大声说："查票！"

　　中年人浑身上下一阵翻找，终于找到了，却捏在手里。列车员朝他怪怪地笑了笑，说："这是儿童票。"中年人憋红了脸，嗫嚅着说："儿童票不是跟残疾人票价一样吗？"

　　列车员打量了中年人一番，问道："你是残疾人？"

　　"我是残疾人！"

　　"那你把残疾证给我看看。"

　　中年人紧张起来，说："我没有残疾证，买票的时候，售票员就向我要残疾证，我没办法才买的儿童票。"列车员冷笑了一下："没有残疾证，怎么能证明你是残疾人啊？"

　　中年人没有作声，只是轻轻地将鞋子脱下，又将裤腿挽了起来——他只有半个脚掌。

　　列车员斜眼看了看，说："我要看的是证件！是残联盖的钢印。"

　　中年人一副苦瓜脸，解释说："我没有当地户口，人家不给办理残疾证。而且我是在私人工地干活，出了事之后老板就跑了，我也没钱到医院做评定……"

　　列车长闻讯赶来，询问情况。

　　中年人再一次向列车长说明，自己是一个残疾人，买了一张和残疾人票一样价格的票。

　　列车长也问："你的残疾证呢？"中年人说他没有残疾证，接着就让列车长看他的半个脚掌。

　　列车长连看都没看不耐烦地说："我们只认证不认人！有残疾证就是残疾人，有残疾证才能享受残疾人票的待遇。你赶快补票吧！"

　　中年人一下就蔫了。他翻遍了全身的口袋和行李，只有几块钱，根本不够补票的。他带着哭腔对列车长说："我的脚掌被机器轧掉一半之后，就再也打不了工了，没有钱，连老家也回不去了，这张半价票还是老乡们凑钱给我买的呢。求您高抬贵手，放过我吧！"列车长坚决地说："那不行。"

　　那个女列车员趁机对列车长说："让他去车头铲煤吧，算做义务劳动。"

　　列车长想了想说："好！"

　　中年人对面的一个老同志看不惯了，他站起来盯着列车长的眼睛，说："你是不是男人？"列车长不解地说："这跟我是不是男人有什么关系啊！"

　　"你就告诉我，你是不是男人！"

　　"我当然是男人。"

　　"你用什么证明你是男人呢？把你的男人证拿出来给大家看看！"

　　周围的人一下笑起来。列车长愣了愣，说："我一个大男人在这儿站着，难道还是假的不成？"老同志摇了摇头说："我和你们一样，只认证不认人，有男人证就是男人，没男人证就不是男人。"列车长卡了壳，一时想不出什么话来应对。那个女列车员站出来替列车长解围，她对老同志说："我不是男人，你有什么话跟我说好了。"老同志指着她的鼻子，说："你根本就不是人！"

列车员一下暴跳如雷，尖声叫道："你嘴巴干净点！你说，我不是人是什么?!"老同志一脸平静，狡黠地笑了笑，说："你是人？那好，把你的人证拿出来看看……"四周的人再一次哄笑起来。

只有一个人没笑，他是那个只有半个脚掌的中年人，他定定地望着眼前的这一切，不知何时，眼里噙满了泪水，不知道是委屈，是感激，还是仇恨。

故事结束后，演讲者问大家：这种只认"证"不认事实的僵化死板究竟是人性哪个环节出了问题，是体制下人性变得扭曲还是人性本恶？而出面的老同志人格高尚和光辉形象代表了社会现象中哪一类人格？受屈的残疾人的人格尊严又在哪里？问题一抛出，演讲场面变得异常活跃，各种真实的声音开始碰撞。然后演讲者开始切入演讲主题，今天我们讲讲《人性与人格》。很显然，听众都参与到了这场不是一人说多人听而是互动的演讲中。

如果不是一个好故事，演讲者干巴巴讲一些人性、人格的解释，听众就不会产生强烈的反应。所以说，一个好故事会成就一个好演讲。精心准备的、符合主题的故事为演讲赋予生命，并能够使演讲者和听众之间的联系变得更加牢固。故事使事实更加易于被人们接受，使呆板的形象和抽象的概念变得亲切。它是演讲者与听众间建立联系的重要媒介。

如果大家细心分析，就能够发现，那些能够在舞台上激情演讲的演说家，除了自己成功之后身上所带有的光环之外，他的演讲之所以能够那么生动，是因为他在舞台上不停地讲故事。每个人都是爱听故事的，而他又讲得那么生动，自然吸引了我们每一个人的眼球，让我们为之激动。

一个普通的演说者可以变为很出色的演说家，所要做的只是学习怎样去发展并利用好讲故事的才能，使演讲主题更有故事性和参与感。演说者未必需要表现得和其他演讲者一样才能获得成功，只需学习怎样讲述你自己的那个故事就行。

第七章 修炼三种功力，成为"狼王"演说家

一、演说不是说空话，让内容富有人情味

人情味是从内心发出的对于人类的热爱与尊重，是一种博爱，是掏出真爱给每一个人，是用爱的味道去慢慢体会的。它不是偏私，不是施舍，不是表面的礼貌。而是一种人人都能体会到的大爱精神。演说家追求两种演讲技巧——以理服人和以情动人，在我看来，以情动人做前提才能真正做到以理服人。

说到在演讲中要富有人情味，我想到了习近平主席的演讲，在他的"鼓岭故事"中提及20年前自己在福建省福州市工作时，曾在报上看到一位在当地度过童年时光的美国老人对福州市的鼓岭充满眷恋，虽然老人已去世，但他最后邀请老人的爱人来到鼓岭，一圆丈夫的遗愿。这个故事就很有人情味，令人非常感动，使演讲格外精彩。

人情味，源自人性中最温情的一面，富有人情味的话是人与人之间真挚情感的自然流露，是一种由内而外感染他人、给人以爱与关怀的一种语言。说富有人情味的话可以拉近与交谈者的距离，温暖人心，动听之时，悄悄地把人感动。

有这么一个故事，是关于苏格兰独立公投的演讲。

在苏格兰独立公投之前，民意调查显示支持独立的苏格兰选民居多。最终能让反独派在公投中获胜，离不开公投前夕英国社会各界的积极游说，更关键的在于公投前三天卡梅伦做的最后一次演讲。演讲中，他情绪激动，几近哽咽。虽然手里有一份事先准备的讲稿，但大多数时候他是直视台下的听众，动之以情，晓之以理。字里行间他不断地"指出"并"强调指出"苏格兰独立的种种弊端，但从头至尾没有官话、套话、空话，没有国家最高领导人的居高临下，更没有对支持独立的苏格兰民众进行批评教育、严正交涉、强烈抗议……

他说：

此行一投，已再无退路。如果苏格兰人投 YES，那我们便会从此分道扬镳。独立会终结一个国家……一个我们称为家的地方。一旦独立，家破，国亦不在……

独立不是一次短暂的分居试验，而是一次永久的痛苦离婚。不再有英国养老金，不再有英国护照，不再有英国英镑，不再有一个统一的保护自己的军队，在外旅游的苏格兰人不再得到英国大使馆的保护……我们的边界将成为国界不再能随意跨越……

从我们内心、头脑到灵魂最深处都希望你们留下，请不要弄混了"暂时"和"永远"的关系，请不要因为你不喜欢政治而选择离开我们。

如果你们不喜欢我，我不会永远在这里，如果你们不喜欢这一届政府，这一届政府也不会永远在这里，但是你们选择独立，那就是永远了……

看到这个故事，我相信即使一个局外人，一个什么都搞不清楚的人，也会被卡梅伦首相充满人情味的演说打动，更不要说当时身在现场的苏格兰人民。公投的最终结果表明，大多数苏格兰民众投的既是对独立的反对票，更是对卡梅伦的支持票，也再次证明了卡梅伦最后演讲的成功。

西方有位哲人说过："世间有一种成就可以使人很快完成伟业，并获得世人的认识，那就是讲话令人喜悦的能力。"

如何做到讲话让人喜悦，让人听着感动，那就要求我们每个演说者都时刻记得少说假话、空话、套话，多说富有人情味的话。

二、了解你的听众，用听众的
语言去演说

演说的种类很多，因为种类的不同，演说现场的听众也会不同。演讲之前需对将要面对的听众做充分了解，你将面对的是一群孩子，还是一群学者，是一次商业演讲，还是一次学术演讲。演讲不同，所用语言各异。要想成为一个好的演讲者，你不但要知道来听演讲的是什么人，还要清楚他们来的目的。听众来听演讲无非是以下几个原因：

1. 不得不来

想参加或不想参加不重要，因为组织原则、公司纪律，他们不得不报个到、凑个数。这种演讲常见的有工作报告、经验交流、文件精神学习等。说实话，台下黑压压的听众中，大多数对演讲内容不感兴趣，反响冷漠。要征服这类听众，演讲者必须具有高超的演讲技巧。

2. 捧场而来

开业庆典、周年纪念、颁奖典礼，来者都是捧场的。这时，演讲者切莫搞那些一本正经的宣传或又臭又长的发言，不如选一些轻松的话题，简短地演讲，显示出自己的幽默、平易近人、真诚等，这些就足够了。

3. 求知而来

听众希望从演讲者这里学到知识，那么演讲者只需要让自己的演讲主题鲜明、条理清晰、内容充实，听众一般不会过于挑剔演讲技巧。

4. 存疑而来

听众对自己渴望了解的演讲话题很感兴趣。例如，调整工资、新项目介绍等。此类听众只要求演讲者把内容交代清楚，他们对演讲者的身份、地位和水平不会有苛刻的要求。

搞清楚演讲对象想要什么，才能做好一场演讲。

演讲稿是讲给别人听的，所以在写演讲稿之前，就要了解听众的思想、习惯、文化程度、职业等情况，最重要的是要了解他们感兴趣的是什么。

如果是给孩子们演讲，那么语言相对要轻松活泼、通俗易懂，语言要流畅，不要太深奥，也不要引用过多太难懂的事例或者名人名言。演讲的时间有限，所以在演讲时要一讲出来就能让人马上明白，而不是要去思考之后才反应过来。

反之，你的听众是学者或高级知识分子，那么所讲出来的语言就不能太过口语化，家常大白话在学术演讲中会显得不合时宜。如果是喜庆场面的演讲，语言要轻松活泼充满喜感，反之，是吊唁现场的演讲，则要庄严肃穆。有几点要谨记：

（1）不要用笑话做开头。听众尚未习惯于你和你的讲话风格，因而，幽默感在此刻也许不那么容易取得好的效果。

（2）以一个菜单开始演讲。准确告诉听众，你将要讲些什么，以怎样的顺序陈述。

（3）尊重并承诺听众的自由与权益。能够吸引并留住听众远比调动他们来听更重要。

英国有一句谚语说："空谈不值钱。"它告诫演讲者，没有启人深思和精辟见解的演讲，是毫无意义和价值的，听众也是不买账的。毕竟，听众花费时间和金钱，是想希望通过你的演讲能够有所思、有所悟、有所收获的。所以，能够启人深思的演讲，听众才会更爱听。

如果听众对演讲者所讲的东西一无所知，那就需要演讲者从头讲起或解释有关概念，交代有关背景。如果听众对所讲的事物都比较熟悉或者略知一二，那么演讲者就可以跳过基础部分，直接从核心内容讲起。

在演讲实践中，演讲者还可以从其他角度了解听众的成分构成并采取不同的演讲方案。如人数多寡、男女比例、职业差别、文化水平的高低等，都会影响到演讲方案的制订。下面列出从哪些方面着手去了解听众，以便更有利于设计能够与听众产生共鸣的内容和表达方式，如：身份地位、年龄大小、男女比例、文化背景、文化水平、经济收入、听讲目的、了解程度和所持态度。

用听众爱听的语言，才能让他们更乐于接受，更亲切爱听，那么也能达到真正意义上的接受你的观点和思想。

三、演说者的个人魅力决定演说效果

每一个演说者都希望每一次能够在台上激情演讲，舞台下面掌声雷动，笑声不断；希望自己能够站在舞台上谈笑风生；希望能够在聚光灯下璀璨夺目；更希望能够拥有万千粉丝，一起高呼我爱你！真正实现这些希望靠的是什么？是演说者的个人魅力。

说起魅力，在演讲领域有几位神级人物：

1. 喊出梦想的马丁·路德·金

"朋友们，今天我要对你们说，尽管眼下困难重重，但我依然怀有一个梦。这个梦深深植根于美国梦之中。我梦想有一天，这个国家将会奋起，实现其立国信条的真谛：'我们认为这些真理不言而喻：人人生而平等'。我梦想有一天，在佐治亚州的红色山岗上，昔日奴隶的儿子能够同昔日奴隶主的儿子同席而坐，亲如手足。"

在游行到达林肯纪念堂时，马丁·路德·金发表了这篇演说，被认为是黑人维权斗争的转折点。讲话中著名的"我梦想有一天"这个部分，并非事先写好，而是马丁·路德·金即兴说出。我有一个梦想，这样一句话，曾经激励了多少遭遇失意、困难和挫败的人们。

2. 拿一个手机打天下的史蒂夫·乔布斯

手机的历史分为两段，一段是 2007 年 6 月 29 日之前，一段是 2007 年 6

月 29 日之后。至少史蒂夫·乔布斯会这么认为。

在 2007 年 6 月 29 日这天，黑色的上衣、牛仔裤以及一双运动鞋，乔布斯以这样的身影出现在 iPhone 的正式发布会上，成就永恒经典。

他拿着历史上第一块没有实体按键的屏幕戳戳点点，做了一些演示，发表了一番演讲，大意是"这是 iPhone，我的手机，你们的手机都是屎"。彼时，诺基亚是手机的老大。2007 年，苹果手机销售超过 138 万台。后来，诺基亚就沉寂了。

乔布斯会充分准备每一场活动，在会议开始前，他花数个小时练习自己的演讲，并且，每场演讲都要有一个令人印象极其深刻的时刻。例如在 2008 年 MacBook Air 笔记本的发布会上，为展示产品极端轻薄，乔布斯将它装进一个信封，然后当众取出，全场惊叹。

一个真正牛逼的人，会让自己在各个方面都牛逼。

3. 我疯故我在的李阳

多年以后，别人还会帮李阳老师回忆起他第一次站在演讲台上那个看似平淡无奇的日子：1989 年，他首次"成功地战胜自我"，在兰州大学举办了人生中的第一次演讲。从此一发不可收拾，李阳老师带着他的疯狂英语碾过中国各大高校。他说："我每天的平均演讲是三次，最多的一天六次。我六次每天十万人，现场演讲。早晨六点起床，六点半开始演讲，第一场演讲完了吃早饭，第二场演讲完了吃中饭，所以天才就是重复次数最多的人，无论我前边坐的是政府官员还是大公司的总裁，他都会疯狂地喊英语。"

以上这几个例子，都是闻名全世界的演讲者个人魅力的真实体现。我们普通的演说者经过不断学习和提升，也能做到独具魅力。第一，要提升个人知识能力；第二，要修炼性格；第三，不停练。演说是一种技能，熟能生巧，多练则达。

卡耐基的父亲一辈子就是个农夫，也没读过几年书，他在农地的经验，恐怕远多于他在台上演讲的经验。当有人对卡耐基说："你的父亲比你有说服力。"卡耐基起初很不以为然，怎么可能呢？他的父亲从没学过任何演讲的技巧。

后来，有一次在教会的聚会中，他父亲站起来说话，卡耐基发现，其他人都是一脸深受感动的表情，似乎只要他父亲说什么，他们都会相信。卡耐基有了一个很大的领悟：其实一个人的人格会决定他说话的价值。

第二部分

凡事预则立：演说前必做的准备课

第八章 演说前要备的几点课

一、演说的目的是什么

人们的任何社会实践活动都有明确的目的，其功利性是非常鲜明的。由于演讲活动是演讲者与听众的双边活动，所以，演讲的目的就分别体现为演讲者演讲的目的和听众听演讲的目的。

黑格尔的《美学》中对"目的"有过这样的论述："一般说来，演讲家在演讲里的最高旨趣并不在于艺术性的描述和完美的刻画，他还有一个超出艺术范围的目的，他的演讲的形式结构毋宁说只是一种最有效的手段，用来实现一种非艺术性的目的或旨趣。从这个观点来看，他感动听众，不单是为感动而感动，听众的感动和信服也只是一种手段，便于演说家要实现的意图。所以，对听众来说，演讲家的描述也不是为描述而描述，也只是一种手段，用来使听众达到某一信念，做出某一种决定，或采取某一种行动。"此段论述形象地说明演说是一种想达到目的的手段。

演讲的目的，实质上也就是演讲的社会目的，大概分为宣传观点、变革社会和表达感情三方面。

演讲无论是宣传自己的观点主张，还是传播道德伦理情操，还是传授科学文化知识和技艺，都是为了让听众同意自己的主张、观点和立场以取得共识，并在此基础上激发听众的实际行动，向着理想境界迈进。美国总统林肯对于解放黑奴的演讲，目的就是动员美国人民为解放黑奴、废除奴隶制而斗争；乔布斯对于苹果的发布演讲，是为了推广产品，同时想要传达一个好的品牌可以改变世界，以达到在整个电子产品制造业起到领军作用。一句话，通过台上几十分钟的演讲，让现场的几千人焕发出力量，这种力量可以直接产生几千万的产值。这就是一个演说者真正的目的。

总体来看，演讲的目的可以分为以下七类：

（1）说服听众采取某些行为；

（2）传达希望听众了解的信息；

（3）针对特定听众的要求提供信息；

（4）为有争议或挑战性的观点提供讨论平台；

（5）了解人们对某种情境或观点的反应；

（6）争取听众的参与及合作；

（7）使听众参与问题解决方案的制定。

不论哪种目的，都要求演说者就自己想要达到的目的提前做好演说稿的安排和规划。我国著名学者周谷城在《演说精粹系列丛书》的总序中写道："一篇好的演说，或事实有据、逻辑严密，或慷慨激昂、豪气凌云，或声情并茂、引人入胜，或机智幽默、妙趣横生，或数者兼而有之，是以使人坚定对崇高理想之信念；是以使人增加知识，明白道理；是以动人心弦，催人奋发；是以使人欢乐，得到美的享受。"

任何一种目的的实现都有赖于让听众接受，并按照自己所要传达的观点去执行。所以，我们要像周谷城老师说的那样，不论机智还是慷慨，要做到使人信，使人知，使人激动，使人奋进，并且要有一颗"爱"的心去传播我们自己的理念。真正做到：演说的唯一目的是能够帮助别人。

在这里，我引用演讲大师陈安之老师的一段话：

"我之所以成为演说家，目的只有一个，因为安东尼•罗宾帮助我成功，我要把这份爱传递出去，去帮助更多人。我不想成为亿万富翁，我不想演讲，不想开劳斯莱斯；只是因为我的学生想，是别人需要，所以我就要先做到。曾经我创业的时候，只吃三样东西：白吐司面包，炸酱面，矿泉水。一套西服从冬天穿到夏天，从夏天穿到冬天。我把所有赚来的钱投资脑袋，让我今天能站到这里演讲，我是为了帮助别人，而不是成就自己。所以我的生命中没有竞争对手，有的只是朋友，我的目标不是超越别人，而是激励所有人。我的目标不是成为第一，而是教别人成为第一。全天下所有的人都可以上我的课程，包括同行的人，包括竞争对手，因为我的课是帮助别人，而不是把别人比下去。别人可以说坏话，别人可以说我的负面，但一定不会从我的嘴里讲出，因为我是一个有爱心的人，我是一个感恩的人。我们要把学习提升一个境界，疯狂的努力，不是为了自己，而是为了别人。我之所以演讲25年，并一直做下去，因为我从来都不是为了我自己。我所有的成就都离不开我的老师安东尼·罗宾。我对我的老师无比的尊敬、感谢。他改变我的一生。所有我的学生，请你用最好的结果把成功的方法传播出去，来证明成功学是有效的，如果别人问成功学是什么？只有一个字'爱'！"

二、要用什么样的形象去演说

人与人打交道大多数凭的是第一印象，以貌取人似乎有错却是颠扑不破的法则。作为一个演讲者，形象更重要。你纵有一个好口才，没开口之前人们评价和收到的信息是外貌以及肢体语言，穿着打扮。我们不能帮别人看相，但我们自己看起来一定要有相，今天这个社会99%的人都以貌取人，包括我们自己。

一个良好的形象，展示给人们的是自信、尊严、力量、能力，它不仅仅反映在对别人的视觉效果中，同时它也是一种外在辅助工具，它让我们对自己的言行有了更高的要求，能立刻唤起你内在沉积的优良素质，通过你的穿着、微笑、目光接触、握手，一举一动，让你浑身都散发着一个成功者的魅力，让你做事业时事半功倍。

演讲者的形象是演讲者思想道德、情操学识及个性的外在体现，是演讲者的仪表、举止、礼貌、表情、谈吐的综合反映。演讲者一经上场，就会把自己的形象诉诸听众的视觉，直接影响听众的评价和审美。因此，聪明的演讲者从上台到下台，应该特别注意自己的一举一动，给人以完美的印象。

具体从以下几个方面着手打造自己的良好形象：

1. 身材容貌的修饰

演讲者是以其自身出现在听众面前进行演讲的，这样，它就必然以整体形象，包括体形、容貌、衣冠、发型、举止神态等直接诉诸听众的视觉。而整个主体形象的美与丑、好与差，在一般情况下，不仅直接影响着演讲者思想感情的传达，而且也影响听众的心理情绪和灵感享受。这就要求演讲者在自然美的基础上，要有一定的装饰美。

容貌的端庄秀丽，以及由此所表现出来的精神状态，都是演讲者固有的生理条件所决定的，一般难以改变。但是，是不是身材、容貌欠佳，甚至有生理缺陷的人就不适合演讲呢？绝不是。因为身材、容貌仅是演讲活动的诸多要素之一，绝不是决定性的因素。只要在其他条件如思想、修养、知识、气质、语言等方面有超人之处，仍然可成为成功的演讲者。三分长相七分打扮在这里绝对是有用的。得体的着装和符合身份的打扮，能给人稳重端庄、专业干练的印象。首先，服装颜色要与演讲者的思想感情和演讲内容的特点协调一致。如果演讲内容是严肃、庄重、愤怒、哀痛的，穿黑色衣服或深色衣服就比较合适；如果演讲内容是欢快喜悦的，穿浅色衣服会好些。其次，服装要和体型、肤色相适应。体型肥胖的人，穿深色服装会显得匀称些；体型瘦的人，穿浅色服装会显得丰满些等。而最关键的问题是要注意把握尺度，既不要过于华艳，也不要过于随便。

2. 演讲时要保持持久充沛的精力

在演讲之前，一定要充分休息，养精蓄锐。演讲的前一晚必须睡眠充足，使喉咙获得良好的休息。演讲时则要气宇轩昂或洒脱大方，总之要表现出气度来。站立要稳，切勿前后摇摆。有的演讲者常常左右移动重心，这会使人认为演讲者心神不定。目光要前视听众，左躲右闪会给人一种鬼鬼祟祟的感觉，或者说话时望天，好像是目空一切或思想不集中，或者习惯于低头看稿或看地板，不注意与观众交流，好像做了亏心事一样。这几种情况，都将直接影响演讲效果。

3. 声音是人类交流中最有力的乐器

动听的声音应该是饱满的，充满了活力，能够调动他人的感情。深厚、宽音域的迷人声音能够强化你的美好形象。富有磁性的、可信、响亮、有力的声音并不是来自喉咙，而是需要腹腔的支持，丹田发声才有底气。说话的速度也是演讲的要素。为了营造沉稳的气氛，说话的语速放慢还是必要的，不过要注意的是，倘若从头至尾一直以相同的速度来进行，听众会睡觉的。声音有急有缓，关键的时候声调提高，需要强调，这都是声音的魅力。

4. 演讲中的语言风格

首先，演讲的语言要尽量口语化，口语化像是跟人交流，有亲近感，乐于被人接受，但不是大白话，也不是乡俗俚语或者地方方言。准备演讲稿之前不要一动笔就往书面语言上靠。写完后自己照稿念一念，看看是否上口，然后把那些不适合演讲的书面语改为口语化的语言。要注意选择那些有利于口语表达的词语和句式。双音节和多音节的词语比单音节的词语容易上口，而且也好听。

其次，演讲的语言要个性化。马克思曾经说过："你怎么想就怎么写，怎么写就怎么说。"他告诉我们，不管"说"也好，"写"也好，都要用自己的语言，而不是别人的语言或现成的语言。这才是一个演讲者的风格，每个人都有自己一套说话的风格。

最后，要说自己的话。有些演讲者，爱使用一些"时髦"词，或是套话，或是从报刊、书籍上摘抄下来的语句，生硬地拼在一起。这样的语言听起来挺"新鲜"，但其实却内容干瘪，缺乏生活的真实。用自己的话讲，可能看起来很朴素、很普通，但却更真实自如，更富有吸引力。

三、演说的结果能给听众带去什么价值

好的演讲者要能给听众带去价值。很多时候，演讲者自己认为有价值的东西，听众不一定认为有价值。这时候必须要站在听众的角度去考虑。

有一个身强体壮的男孩试图将一头牛赶往牲口棚。他用尽浑身力气推它，不停地用鞭子抽打它，大声吆喝它，然而牛站在那儿就是不肯动。一位挤牛奶的女工见状，走上前来，她深知牛的饮食习惯，她把一根手指伸进牛的嘴里，很驯服地将它牵到了牲口棚里。原来，她从牛的角度考虑问题，尽力让自己的行为符合它的习性，对它产生强大的吸引力。掌握了这一点，她想把牛牵到哪里就能牵到哪里。

向上级汇报工作的演讲，你必须站在领导的角度去考虑他究竟最关心的是什么，对他来说最有价值的汇报内容是什么，比如，你工作的结果、进度、经验、教训等。

向下属布置任务的演讲，你必须站在下属的角度去考虑他们最关心的是什么，比如，完成这个任务对大家有什么好处、每个人具体的任务分工是什么、什么时间完成、方法工具有哪些、遇到紧急问题怎样协调等。

给新员工培训，你必须站在新员工的角度去考虑，培训对他们的价值在哪里、每一项内容对他们的好处在哪里、掌握不了培训内容后果是什么等。

向潜在客户介绍产品，你必须站在客户的角度去考虑，这款产品跟他们有什么关系、他们凭什么要买你的产品、你的产品与其他同类产品相比优势在哪里、他们买了产品有哪些具体的好处、买了产品有无风险、如有风险如何解决等。

一个好的演讲者要了解听众的价值观。一个人、一个企业或组织是有价值观的。每个人或企业所重视的都不一样，有的企业追求利润最大化，有的企业更注意社会公益和影响力，而有些企业或组织对于学习和成长的重视甚至超过对利润与盈利的渴望。了解你的目标听众的价值观，才能有针对性地去传递你的价值观，让演说结果给听众带去价值。

如果演说者和听众之间的价值观相悖，那么不管多激昂的演说都不能收到良好的效果。郎咸平说过："商业演讲当然是要收费，但是对于有价值的公共场合，我肯定会无偿出席。"

有一次，他接到了清华大学一个学生组织的电话。热情的学生们邀请他第二天去讲课，但是担心传说之中的出场费。而郎咸平早就答应了免费演讲，甚至自付机票和酒店费用，同时自备汽车，不让学生组织出一分钱。当晚，他还和吃饭的北京朋友们反复商量，明天应该说什么，分哪几个问题讲，怎样才能让学生们听得最明白。他最后独自一人备课到午夜。于是，第二天郎咸平在上千名学生挤满的报告厅里，做了主题为"资本主义精神与社会主义改革"的演讲，两个多小时之内掌声和笑声不断响起。

这个小案例说明，一个好的演讲者自身所具备的效应就是价值，这种价值能经由一场演讲给别人带去期待的东西。这是演讲的精神，也是价值共享的精神。

西方的公共演讲文化起源于古希腊、古罗马时期，希腊智者与学生探讨哲学，罗马政治家们在石柱前鼓舞民众士气。西方世界作为这种文化的继承者，对演说艺术一直倍加推崇。从文化差异的角度上讲，西方文化是外向的、直接的，而东方文化是内敛的、含蓄的。演说者的最终目的是通过语言的魅力来展现朴实、平凡的人格魅力；呼唤整个社会和人群更真诚地交流和沟通，传递有价值的正能量。让每个人都有机会成为"演说家"，而不再是只听人生导师、听有话语权的人们去演说。每个人都是独一无二的，每个人的观点也独一无二，人们可以自由表达，每个人的演说可能是代表背后某一群体的共同心声。

让每一个平凡又普通的个体在听过别人的演讲后，也能积极表达自己的观点，并用自己有价值的观点去影响更多的人。

四、如何应对听众的反对意见

在我的销售、演讲和培训活动中，遇到过一些有点棘手的情形，现在就谈谈怎么应对这些局面。一般听众持反对意见的心理状态有以下几种：

一是找借口，不准备购买，但可以成为潜在消费者。

二是要表现，以为自己知识丰富，妄加批评。

三是为压价，反对的理由是希望能压下价格。

四是有误解，对商品、服务等不了解。

五是存恶意，是一种极端的表现。

当你的演讲有可能引起争议时，找准恰当的解决途径显得特别重要。途径不对头，就有可能导致听众的敌对情绪，不等话出口，你早已注定要立于失败的境地。路子选对了，便能充分说服听众。这是一门最难掌握也是最有价值的交际艺术。

一般现场反对的听众有以下两种类型：

一种是话痨抱怨型。这类听众过多占用其他人的提问时间，或者话题不关主旨，演说者有责任采取有效的办法来控制一下局面。可以建议他听一下其他人的观点，或者对他的话简要过渡一下，然后转入正题。房间温度、光线强暗、声音大小等都可能让抱怨者喋喋不休。如果不加干预，会影响整个会场的心态和氛围。首先要判断抱怨是否合理，能否采取行动改善。如果不能改善，要明确告知"很感谢你的反映，但暂时还不能解决，请问你有什么好的建议来改善？"同时也可以问其他听众的意见。如果还不能满足他的要求，建议把这个问题暂时搁置，待会议结束向组织者提出反馈意见。

还有一种是无所不知型。这类人不经邀请就长篇大论发表反对意见，频繁挑战演讲者的观点。建议是，不必与其争论，就事实说话，告知我已明白你的观点，感谢你的参与。还有一个对策是：暂时搁置，会后讨论，对全场听众说明你的观点，而不是针对此人。然而，这类人往往自认为自己的观点无可反驳。他们要么是经过多年的学习与经验积累而形成的，要么是拥有根深蒂固的情感根基。我们小时候在母亲怀抱里学到的那些知识会深深地扎根于我们的个性中，大多数人都有自己独到的见解。

如果直截了当地面对面攻击一个人所拥有的"珍贵"观点，他的反应与你批评他小孩的反应一样，只能是反感。他会对你表示愤慨，他会全副武装，保护自己，对付你说的每一句话。

大师莎士比亚在《裘利斯·凯撒》剧中有个很好的例子。

公元前44年3月15日，罗马统帅裘利斯·凯撒在罗马元老院被元老贵族刺杀，为首的是深受他信任的勃鲁托斯。作为主谋，勃鲁托斯做了恶人还先告状。他跑到街上公共讲坛上，大谈杀死凯撒的必要性，极力为自己开脱罪责；同时，又信誓旦旦地把自己装扮成正人君子的模样。听了勃鲁托斯的演讲，群情沸腾了，他们认为杀死凯撒是件大快人心的事，勃鲁托斯为民除害是英雄。请看此时玛克·安东尼是怎样说服听众让听众接受他的观点的。

面对勃鲁托斯蛊惑人心的演说，面对群情激愤、不明真相的市民，安东尼心里清楚，在此时此地，他既不能马上歌颂凯撒，又不能立即攻击勃鲁托斯。于是，他开场便说："我是来埋葬凯撒，不是来赞美他。"接着，他又开始赞扬勃鲁托斯，称他为"尊贵的勃鲁托斯"、"正人君子"。这样的话无疑适合当时的气氛，不会引起听众的反感而遭到他们的反对。然后，他抓住机会，有计划、有步骤地把市民的心拉向自己的一边。他说：现在我得到勃鲁托斯和另外几位的允许——因为勃鲁托斯是正人君子，他们也都是正人君子——特意到这儿来，在凯撒的丧礼中说几句话。他是我的朋友，他对我是那么忠诚公正，他曾经带许多俘虏回到罗马来，他们的赎金都充实了公家的财库，这可以说是野心者的行径吗？穷苦的人哀哭的时候，凯撒曾经为他们流泪，野心者是不应当这样仁慈的，然而勃鲁托斯却说他是有野心的，而勃鲁托斯却是一个正人君子。你们大家看见在卢柏克节的那天，我三次献给他一顶王冠，他三次都拒绝了，这难道是有野心吗？

安东尼摆出一个一个的事实，来讴歌凯撒的丰功伟绩，一层一层地剥去勃鲁托斯身上的画皮,在场的市民开始被安东尼的话打动,觉得他说得有道理,认为凯撒死得冤枉。这时,安东尼不失时机地改变自己的被动地位,由守变为攻。他拿出一张羊皮纸,那是凯撒的遗嘱。在宣读遗嘱前,他走下讲坛,叫在场的市民围绕在凯撒的尸体四周。他揭起凯撒尸体上的外套,把剑刺的洞孔指给大家看,当他指到勃鲁托斯刺的伤口时,他说:好一个心爱的勃鲁托斯,凯撒的安琪儿!啊,这是最无情的一击!这是刺穿心脏的一剑!挨了这一剑,伟大的凯撒就蒙着脸倒下了……残酷的叛徒却在我们头上耀武扬威……

安东尼的话音刚落,讲坛四周呼声四起,"烧掉勃鲁托斯的房子!""打倒阴谋者!"于是,安东尼开始宣读凯撒的遗嘱,对勃鲁托斯发出最后的一击:他给每一个罗马市民七十五德拉马克。而且,他还把台伯河这一边他的花圃和果园赠给你们,永远成为你们世袭的产业,供你们自由散步和游息之用。这样的一个凯撒,几时才会有第二个同样的人?

市民们再也听不下去了,他们在市场上奔跑,抓起凳子、桌子,堆成了一座火葬柴堆。他们把凯撒的尸体放在上面,在柴堆上点着了火。当柴堆烧旺时,他们抽出燃烧着的木头,向阴谋者的房子冲去。这时,勃鲁托斯等阴谋者在得到警告后早已仓皇逃出城外。

安东尼的演说彻底征服了与他意见相左的听众。他的成功,与他演讲时运用了先退后进、变守为攻的技巧是分不开的。

成熟的演讲者并不担心听众的反对,反对意见的提出说明听众有参与的意愿和激情,只要善于利用现场气氛,学会巧妙转移和回答问题,反对意见甚至可以成为做好一次演讲的推动力。

五、如何讲好自己的故事吸引听众

在演讲中,常常需要一些典型事例来服务主题。这时,演讲者不妨联系自身实际或相关人的故事,从中整理出有价值的内容,这样,对演讲者感情的投入、拉近与听众之间的距离、形成水乳交融的演讲氛围等都有积极的作用，从而，会使得演讲更精彩。

诺贝尔文学奖获得者——莫言在第八届孔子学院大会闭幕式上发表了一个演讲，演讲从头到尾就是讲故事，而且是讲他自己的故事。他说，春天的时候，德国驻中国大使施明贤在一次宴会上问了一个很"刁钻"的问题："莫言先生，根据你们中国政府的设想，到了2050年，中国基本上可以建成一个现代化的强国。但是，那个时候中国的贪污腐败问题、贫富悬殊问题、环境污染问题将会变得更加严重，甚至会变成摧毁这个社会的导火索。对此，你有什么想法？"莫言的回答是："从现在退回去37年是1976年，那个时候我是一个青年，我当时最浪漫的一个梦想就是我什么时候能够由农村户口变成城镇户口，我什么时候由农村进入城市。现在看来，一个人想进城市，谁都可以进。那时候北京有一条禁令叫做，不准围观外国人。现在的北京，外国人太多了。那个时候我们看到一辆吉普车，就会跟着追，终于开了眼界了，现在任何一条胡同里都塞满了轿车，车辆之多以至于变成了社会公害。"最后，莫言对他说："37年前，想象不到37年后的中国会变成现在这个样子。下一个37年以后，大使先生担心的问题也许根本就不存在了。我们应该相信过去37年内创造了令世人惊叹的奇迹的中国人民，在未来的37年里也会创造出更辉煌的奇迹。"

如此"刁钻"的问题用讲故事的方式回答，其产生的效果真是不可低估，尤其是演讲者讲自己的亲身经历，会让听众更加信服。

马云的成功不仅在于他创造了互联网神话，更多的还体现在他的演说才能，不论是在商业论坛、财富论坛还是鼓励大学生创业和普通大众追求财富上，他总是用自己的故事感染人。他曾说：

在我创业的时候，我跟18个创始人，包括我在内的18个人讲了一点，如果我们这些人能够成功，中国80%的年轻人都能够成功，因为没有人给我们一分钱，也没有给我们权力和地位，我们什么资源都没有。我们18个人凑了50万元人民币，我们估计这50万元人民币大概能够坚持12个月。如果能够筹到钱，继续下去。结果我们熬到第8个月已经没有钱了，而且没有人看好我们。我记得我跟蔡副主席一起去硅谷融资，我们被三十几个风险投资全部拒绝了，没有人觉得能成功，只有我们自己觉得能成功。我到现在为止不写计划书，其中一个原因我写的所有计划都被拒绝掉了。

不是计划很重要，而是坚定做自己的事情很重要。很多人说梦想、理想、幻想是有很大差异的。梦想，每个人年轻的时候都有过，我记得有一些父母跟我讲过，我这个孩子三天两头换梦想，今天想这个，明天想那个，我说这很正常，总比没有梦想好。

我想过当解放军、我想过当警察，我甚至到 KFC 应聘工作，23 个录取了，就我没有录取。当警察，5 个人去，4 个人录取，我没有录取。所以有梦想也挺好，但是理想是什么？理想是一批人共同坚定一件事情，并且有计划、有实践、有行动，一点点把它变成现实。

阿里巴巴开始做的时候，不是一个简简单单的梦想，更不是幻想。今天我看到很多人幻想挺多，天天幻想是什么。不切实际、没有行动，总觉得别人不对。所以我自己觉得，我们有一帮人，18 个人在家里面，大家坚定共同的信念，我们许诺一起走。我们那个时候有 50 万元人民币，如果我们失败，筹不到钱的话，我们 18 个人一起去找工作，我觉得我们还是有机会。

所以大家分清楚，如果你有一个梦想，你是不是在坚持，是不是在行动。如果你有一个理想，你是不是一批人一起去做。如果一个人其实是很累的。创业不是你的事情，创业是一批人的事情。所以我今天很幸运，前面 4 年我创业，从中国黄页做了两年半到三年，到国家的外经贸部做临时工 13 个月，全失败了，没有人看到这些失败。

从阿里巴巴到现在，我们做了 15 年，我们很幸运，我们成功了。但是绝大部分人没有成功，成功的原因很多，失败的理由都差不多，我想跟大家分享，在座如果要去创业，多花点时间思考别人为什么失败，不要去思考别人为什么成功，成功有很多原因的。

演讲者最重要的能力是讲故事，会讲自己的故事才能拉近与听众的距离。所以，我们每一个演讲者都应该成为讲故事高手，用自己的故事去成就一场有效果的演说。

狼王演说，就是以故事带动销售的销售推广型演说。

销售推广型演讲（以下简称：销讲）稿件怎么写？

怎样谋篇布局，埋雷布线，引爆全场抢购？

俗话说："不谋全局者不足谋一域。"写销讲稿必须要以终为始。首先要问自己几个问题：

（1）你想要什么结果？

（2）你想传递什么印象？

（3）你想表达什么内容？

（4）你想让听众有什么样的收获？

定位清晰，谋篇则胸有成竹：

（1）卖给谁？

（2）卖什么？

（3）卖多少？

了解听众才能有的放矢：

（1）听众想得到什么结果？

（2）听众有什么抗拒点？

（3）听众有什么恐惧？

（4）听众有哪些渴望？

（5）听众有哪些痛苦？

所以，销售演讲师要做到：

（1）满足听众的兴奋点。

（2）逃离听众的痛苦点。

狼王演说的五个核心关键点：

（1）发问了解潜在客户。

（2）无懈可击的产品故事。

（3）跌宕起伏的情感小说。

（4）塑造产品价值。

（5）无法抗拒的成交主张。

销售推广型演讲既不同于其他类型的演讲，也不是一种单纯的"推销方式"，而是试图说服客户购买产品或服务的一段独白。销售演讲是在销售员和客户之间建立和谐关系的对白。你的产品和客户的要求好比两个啮合完美的齿轮，这是一种理想的状态。

要达到这种状态，那么就要讲究谋篇布局，演讲之前需要做一些规划和埋雷布线。具体有以下几步：

第一步：预想产品的前景。

（1）用客户思维想自己的产品。

确定目标客户，牢记只有客户从产品中获得积极的情感反应，这样的销售才是成功的。自问以下问题：你的客户能够从你的产品或服务中得到什么好处或提高？怎么使客户从你的产品或服务中获得快乐？谁最有可能获得这种积极的情感体验？他们的收入、职位、阅历和权限如何？

（2）客观评价自己的产品。

确定你的公司具有哪些独特性和精彩之处。自问以下问题：你怎么做才能超越其他公司？为什么你的理想客户选择你的产品而不是竞争对手的产品？你的竞争对手会如何评价你的公司？

（3）区分有价值客户。

销讲面对的客户不是广泛的，而是需要有价值的客户，网罗那些对公司和产品大加赞赏和重视的客户，把精力放在能从你公司产品或服务获得最大利益的客户。你的理想客户应该十分需要你的产品，能够使用你的产品，有经济实力购买你的产品。摒弃那些低价值用户。

第二步：为现场演讲做准备。

（1）提前备课。

了解你要面对的客户的一切情况。各种资讯以及互联网上的信息资源都可以参考使用。销售也是一种知己知彼的战略，永远不要让自己处于对客户一无所知的被动局面。

（2）给自己定位。

不要把自己定位成推销产品的销售员，而是能够为别人提供帮助的咨询师或顾问，甚至是给一款普通产品造梦的演讲家，经由你的思维和语言给这个产品以美丽的想象空间。

（3）让自己有充分的心理准备。

80%的客户是凭着对销讲人员的感觉做出购买决定的。销售演讲最重要的部分就是信任感与和谐关系的建立，所以，如果把合理分配销售活动时间进行形象化，就好比一个倒立的金字塔，其中的基础就是信任感的建立，建立信任需要40%，识别需要30%，演讲需要20%，结束活动需要10%。

第三步：台上演讲。

（1）给客户一个良好的第一印象。

对客户抽出时间来听演讲表示感谢，这一点非常重要。一个感谢会免除双方的紧张情绪。然后向他们表明你今天来此的目的不是为了推销产品，而只是为了向他们提几个问题，看看自己能否为他们的目标实现出一份力。当你说完上述的话语后，客户会明显感觉到放松，因为你已经使他们免除了听长篇大论的痛苦。

（2）用问题找到客户的真实需求。

演讲中一味宣传产品是下策，向客户提问题是上策，能把产品与客户互动起来才是上上策。把演讲当成骨骼结构的躯干，把问题当成脊椎骨，把最后的讨论当成肋骨。

（3）展示你产品和服务能够给他们带来的好处。

这一项工作应该很简单，因为已经花了很多时间对你的产品或服务所具备的最优秀特性提前进行了了解。另外，要提前知道这是一个真正需要你产品的客户，还要提前对这个客户进行了解，这样你可以针对客户的具体情况进行有针对性的产品介绍。

在提升演讲技能的时候，一定要注意以下几个要点：

（1）让对话保持缓慢的节奏，不要给客户带来压力。

（2）认真倾听，建立信任感和和谐关系。

（3）看看购买的决定是否在合理的时间内做出。

第九章　演说光有大脑指挥嘴不够，还要让身体指挥大脑

一、演说前给身体做个热身运动

大部分演讲者，不管是新手还是老手，都承认在演讲和展示之前会紧张。这感觉可能很不舒服，但是却很正常，甚至是必要的。马克·吐温曾说过："演讲者分两种，一种人会紧张，另一种人谎称不紧张。"这句话正确无比。拿我自己来说，演讲过很多场次，也有一些舞台经验，但是从未有一场是不紧张的。

俗语说"有备而无患"，运动比赛中，热身是不可缺少的一个项目。音乐家在演出前，必定要在舞台上进行试音。演奏者从不会懈怠现场的彩排，演讲也是如此。寻找机会去演讲现场参观一下吧。事先在现场练习一下演讲，减少正式演讲时的未知，这样可以大幅度减轻心中的不安。

我想这大概是为什么有许多人会认为热身运动的心理效果，更甚于生理效果。任何大运动之前都需要给身体做热身，演说虽不是一项大运动项目，却是一个考验人心理素质和强大个人体能的事情。心理的完全放松，才会让精神和语言表现得更加轻松、自如。普莱斯说过："实际上，很多专业的演讲者不希望丧失紧张的感觉。他们想要利用紧张感。他们认为肾上腺素的增加很有价值，因为它能让身体充满表演必要的能量和激情。"

　　活动身体是一种行之有效的方法。在演讲当天，如果事先能够争取到一点时间，可以通过活动身体来缓解压力。活动身体可以分泌脑内的内啡肽，让平静的状态能够持续一段时间。如果没有活动身体的时间，也可以做几分钟较为激烈的运动。推荐俯卧撑、向上跳跃等运动。但是，要注意不要运动过量导致出汗或者过于疲劳，因为这样会更有压力。

　　那么，我们简单说说演说前的几点热身：

1. 解决生理需要

　　人最难忍受的第一是饥渴，第二是上厕所。作为一个演讲者，提前喝水是必要的，确保充足的饮水让自己演讲时不至于缺水头晕，出现口干舌燥的感觉。吃饭，最好在演讲前两个小时进餐。饭后15分钟身体的能量全部集中在胃部进行消化，很难让人集中思想，因此有很多人饭饱后就会产生昏昏欲睡之感。演讲者一旦思维不清晰，很难讲出富有逻辑的语言。进场前20分钟一定上一趟厕所，第一解除自己的后顾之忧，第二能做短暂放松。

2. 熟悉演讲环境

　　作为主讲人，如果时间和条件允许，最好提前熟悉演讲环境，包括检查会议室和视听设备，甚至演讲的电子设备、麦克风和灯光。事先知晓了屋子里的装饰、布局，在演讲时就不会对这个场地感到陌生。预先在演讲时站的位置设想站的姿势以及动作，考虑好怎么避开那些并排的椅子等障碍物的方法。这个类似于在运动比赛时，主场队会相对有利。特别是棒球，因为主场队的选手对草坪的状态、球场的布局、观众席的位置、挡网的高度等都很熟悉，所以比赛时对他们很有利。

3. 做身体与声音的热身活动

　　在演讲的时候，主讲者的声音如同乐器。和乐器一样，声音也需要在正式演讲之前进行调音。那么，通过绕口令等方式可以让舌头、嘴唇、下颚做好演讲的热身准备。要对演讲的内容了如指掌，提前练习，把稿子装在脑子里，也要学会在现场临场发挥，每一场演讲都是一次现场直播。

4. 演讲之前和听众问好

尽可能和你的听众握手,第一,展示自己的谦和有风度;第二,缓解陌生感,会让听众从一个陌生的"公众"变得相对"私人"。拉近关系有利于展开后续的演说。始终要面带微笑,因为微笑是世界通用语,微笑能传达自信。向观众表明你很高兴见到他们,对你自己的演讲很有热情。微笑还会给人一种暗示,说明我内心很积极,无形中一种自信产生,外显于观众的就是"我是个专业的人,我具备演说的热情"。

演讲不是个难事,提前做好热身,才能有备无患。

二、给大脑足够的"粮食"储备

在我们生活中经常可见有些人无论是在台上还是台下,在和他人交谈中都能大方自在地做到旁征博引、口若悬河,原因无非就是他们在平时的工作生活中留心观察、勤于思考、广泛阅读从而拥有相当丰厚的知识储备量,在各种场合都能适时、适地地恰当运用,这就是所谓"腹有诗书气自华"的真谛所在。

演讲者做出简短精悍、言之有物的一番讲话,这不仅是对演讲者在口头表达、心理素质、思维逻辑的严格要求,更是对演讲者在平时知识储备量的双重考验,可见要在任何场合下都能做出生动、精彩的演讲,让听者产生一种余音绕梁的效果,决非是一朝一夕一蹴而就之事。

"台上十分钟,台下十年功",这种功是怎么修炼来的呢?就是给大脑足够的"粮食"储备。在日新月异知识爆炸的年代,今天你不学习,明天就会被取代。知识的更新让每个人都不敢说自己学识渊博,只有不断学习新的知识,替换旧的思想和认识,才能妙语连珠跟上时代。一个演讲者要口若悬河、出口成章、言之有物,就必须要有知识的储备和高超记忆力。

我国当代著名的演讲家、年逾古稀的景克宁教授演讲时从不先写好讲稿，但任何一场演讲，他都从不马虎，总是经过深思熟虑地打好"腹稿"，把所要讲的内容全部储存在脑子里。所以他每次上讲台，从不拿讲稿乃至片纸只字，而且从不坐下讲，总是挺身立在麦克风前，情绪饱满，神态自若地侃侃而谈，一口气讲两三个小时。古今中外，旁征博引，佳句妙词，脱口而出，他的大脑就像一本百科全书，令人叫绝。这样娴熟的表达离开记忆，尤其是离开渊博的学识和敏捷的思维为基础的理解记忆，那是不可想象的。

经过知识武装的大脑，才能指挥口才。一个能说会道的人，凭的绝不是嘴皮子功夫，而是大脑里有东西。要想在任何一个领域成为人才，学习是关键。

我国现代著名的学者、诗人闻一多先生，也是有名的演讲家。他的演讲之所以成功，也是与他年轻时刻苦练习分不开的。1919年他在清华大学学习，从不间断练习演讲，一旦有所放松，就立刻警觉起来。他常在日记里警告自己："近来学讲课练习又渐疏，不猛起直追恐便落人后"、"演说降到中等，此奇耻大辱也。"他坚持练习演讲，在1月9日的日记里，他写道："夜出外习演讲十二遍。"1月10日又写道："演说果有进步，当益求精致。"北京的1月天寒地冻，可他毫无畏惧。14日"夜至凉亭练演说三遍"，回宿舍又"温演说五遍"，第二天又接着"习演说"。

演讲既然是一门工具、一门科学、一门武器、一门艺术、一门综合性很强的社会实践活动，当然不是轻而易举就能学好的，但也绝不是像有的人所想象的那样高不可攀，可望而不可即。探索古今中外著名演讲家的成功之路，我们不难发现，那些闻名于世的杰出演讲高手都不是天生就是天才，而是经过长期不懈的艰苦锻炼造就的。一个人要想提高自己的演讲水平和口才，就必须要做到：多看、多听、多问、多写、多记、多想、多学、多练。

设计一段非常经典的开场白和10分钟的演讲稿，每天练习这段，练习感觉。运用科学发声，对镜专项练习。练习各个演讲稿片段，分段练习，一天练习一段，不用一次把整篇演讲稿都练习完。因为一篇演讲稿可能2个小时，如果全部练习，练习一遍就要 2 个小时。我们可以练习 1 段 15 分钟，连续练习 5~10 遍，这样比练习整篇效果好。

三、用心准备演讲稿，用激情状态去演说

用心准备演讲稿只是演讲成功的前提条件，真正要做的是把演讲稿装在心里，用自己的语言说出来，而不是像背诵课文一样背出来，这考验的是主讲者的语言功力和临场发挥能力。演讲稿是进行演讲的依据，是对演讲内容和形式的规范和提示，它体现着演讲的目的和手段。演讲稿一般分为叙事型、说理型和抒情型三种大的类型。

叙事型，是向听众陈述自己的思想、经历、事迹或者转述自己看到的、听到的他人的事迹或事件，以叙述为主要表达方式，辅以适当的议论、说明和抒情。

说理型，是以议论为主要表达方式，具有正确深刻的论点，既有事实材料，又有逻辑推断，立场坚定，旗帜鲜明。

抒情型，是以抒情为主要表达方式，在演讲中抒发演讲者爱恨悲喜等强烈感情，对听众动之以情，以"情"这把钥匙来开启听众心灵。

1863 年，美国葛底斯堡国家烈士公墓竣工。落成典礼那天，国务卿埃弗雷特站在主席台上，只见人群、麦田、牧场、果园、连绵的丘陵和高远的山峰历历在目，他心潮起伏，感慨万千，立即改变了原先想好的开头，从此情此景谈起：

"站在明净的长天之下，从这片经过人们终年耕耘而今已安静憩息的辽阔田野放眼望去，那雄伟的阿勒格尼山隐隐约约地耸立在我们的前方，兄弟们的坟墓就在我们脚下，我真不敢用我这微不足道的声音打破上帝和大自然所安排的这意味无穷的平静。但是我必须完成你们交给我的责任，我祈求你们，祈求你们的宽容和同情……"

这段开场白语言优美，节奏舒缓，感情深沉，人、景、物、情是那么完美而又自然地融合在一起。

一个好的演讲稿不但观点鲜明、感情真挚，更主要还体现在语言流畅、观点深刻。鲜明的观点能显示出主讲人对客观事实的见解和理性的认识，给人可信、可靠的感觉。如果演讲观点不鲜明，就会缺乏说服力。演讲稿，真挚的感情在里面是必不可少的。因为只有情感才能激发听众，使听众的思想为之震动，使演讲具有激励人、鼓动人的作用。

在演讲稿写作上，语言运用也很有讲究。演讲稿的语言一定要口语化，要把长句改成短句，把倒装句变成正装句，把单音词换成双音词，把听不明白的文言词语、成语改换或者删去，尽量使用简单明了、通俗易懂的语言讲话。同时，为了加强演说词的感人效果和说服力量，建议大家在文中适当地采用排比、反问和重复等修辞手法。

制作设计好一个演讲稿是成功演讲的第一步。带着激情去演讲才是关键中的关键。演讲者充满激情时，是演讲现场的气氛最活跃的时刻，也是演讲者与听众感情交流最融洽的时刻，是演讲的高潮所在。要适当地预设或埋伏一连串能够触发听众的想象、情感、意志、经验等的兴奋点，以便张弛有度、擒纵自如地驾驭现场，调控听众，更好地进行现场交流。演讲家李燕杰在《演讲美学》中写道："一次演讲怎样达到高潮，这需要演讲者在感情上一步一步地抓住听众，使听众的内心激情逐渐地燃烧起来，演讲将自然地被推向高潮。"说穿了，就是以情激情，以心换心。演讲者要讲一些观众感兴趣的话题，如：

（1）满足求知欲望的话题。人们对于陌生的知识领域和无限的宇宙、遥远的过去、神秘的未来总是感到迷惘和困惑，总希望掌握各种知识，充实自己和提高自己。这是人类生存的本能需要。

（2）刺激好奇心的话题。人人都有好奇心，世界趣闻、名人轶事、突发事故、科学幻想、个人经历等，都能激发听众的好奇心。

（3）事关听众利益的话题。群众最关心涉及切身利益的事情，所以关系到听众吃、穿、住、行等切身利益的演讲当然会受到欢迎，但高明的演讲者应该具备把间接涉及听众利益的话题转化为与听众直接有关的话题的能力。

（4）有关信仰和理想的话题。听众，特别是青年听众，无论古今中外，都不会厌恶对人生的探索、对理想的追求、对事业的开拓等话题。某些有关信仰和理想的演讲之所以不受欢迎，主要是缺乏针对性、现实性和生动性。

（5）娱乐性话题。幽默、笑话、故事穿插于演讲之中或构成一段完整的演讲，在博得听众一笑的同时也征服了听众。娱乐性演讲一般时间较短，且多用于礼仪场合。

一个人的工作需要激情，一个企业家带领一个团队需要激情，一个演讲者更需要激情。杰克·韦尔奇登上了通用电气公司总裁宝座时说："我很激情！通过我的激情来感染我的团队，让我的团队也有激情，这才是我真正的激情所在。"他在通用电气公司内外的激情演讲，感染了数以万计的员工，让更多的人衷心跟随他。

第十章　带上好心态走向演说舞台

一、静心，让演讲更专心

当一个人的心比较静的时候，基本上不会想入非非，不会烦躁，也不会思绪混乱，处理事情时不会乱了方寸。心静，用在演讲之前，更具有神奇的效果。"每临大事有静气，不信今时无古贤"的句子，原是出自晚清风云人物翁同龢的一副对联。这副对联要告诉人们的道理是，自古以来的贤圣之人，也都是大气之人，越是遇到惊天动地之事，越能心静如水，沉着应对。静气是一种应急的态度。

有一个关于静心、神情专注的故事：

孔子带领学生去楚国采风。他们一行从树林中走出来，看见一位驼背翁正在捕蝉。他拿着竹竿粘捕树上的蝉，就像在地上拾取东西一样自如。

"老先生捕蝉的技术真高超。"孔子恭敬地对老翁表示称赞后问："您对捕蝉想必是有什么妙法吧？"

"妙法肯定是有的，我练捕蝉五六个月后，在竿上垒放两粒粘丸而不掉下，蝉便很少逃脱，如垒三粒粘丸仍不落地，蝉十有八九会捕住，如能将五粒粘丸垒在竹竿上，捕蝉就会像在地上拾东西一样简单容易了。"

捕蝉翁说到此处，将将胡须，开始对孔子的学生们传授经验。他说："捕蝉首先要先练站功和臂力。捕蝉时身体定在那里，要像竖立的树桩那样纹丝不动，竹竿从胳膊上伸出去，要像控制树枝一样不颤抖。

另外，注意力高度集中，无论天大地广，万物繁多，在我心里只有蝉的翅膀，专心致志，神情专一。精神到了这番境界，捕起蝉来，还能不手到擒来、得心应手吗？"

听完这个驼背老人捕蝉的经验之谈，孔子对身边的弟子深有感触地说："神情专注，专心致志，才能出神入化、得心应手。捕蝉老翁讲的可是做人办事的大道理啊！"

这个故事向我们昭示了一个真理：摒弃浮躁心态，专心致志，心无旁骛，才能又快又好地达到目标。

上台演讲之前人人都会紧张，越是紧张时刻越要让自己平静下来。个人觉得有以下几个方法：

（1）充足的准备，对主题要非常清晰，对自己演讲的东西要有信心。

（2）演讲之前最好能对着自己的爱人或朋友先讲一遍。

（3）如果前两条都做到了还是紧张，可以试试呼吸的方法让自己放松下来，节奏为：4（吸气）—2（屏住呼吸）—4（呼气）。

紧张并不可怕，用结果导向的思路，我们的目的是让你能够在众人前做一个好的演讲，可以在上台之前听一些音乐。音乐在调节情绪、平衡心理方面有独特的疗效。如果你感到自己身心疲惫、不堪重负的时候，不妨坐下来，静静地欣赏一下音乐，或许会对你的心理不适有所帮助。情绪急躁时，可以多听一些节奏舒缓、能助人思考的音乐。心情不好时，可以听一些优美的或严肃的轻音乐。

音乐对人类情绪的调节功能之一是积极情绪管理。人们之所以听音乐，正是为了获得更好的心情。音乐能使人们愉悦、让人们感到轻松，调整至最佳状态和心境。如果仍旧无法克服心理的紧张感，可以试试以下几种方法：

1. 回避目光法

作为一个初登讲台的演讲者，心情难免紧张，特别是听众的某些偶然因素也会人为地造成紧张情绪，比如某个听众发出一些声响，就会引起演讲者情绪的波动，这时你就应该转移目光，或者采取流动式的虚视方法，有意识地回避目光对视，以保持良好的心境。

2. 呼吸松弛法

在演讲前，运用深呼吸松弛紧张情绪的办法简便可行。具体做法是站立、目视远方、全身放松、做深呼吸，这样就可缓解演讲时的紧张情绪。

3. 自我陶醉法

在演讲时，面对满场听众，有时会因精神紧张而出现语言表达失误的情况。这时可以假想一下自己已经获得成功的样子，就会信心倍增。

4. 注意转移法

为了消除演讲前大脑的紧张程度，可以有意识地把注意力转移在某一个具体的物件上，比如，可以欣赏会场的环境布置，也可以与人闲谈，借以冲淡紧张的情绪。

5. 语言暗示法

语言的暗示也是多种多样的，它包括自我暗示和他人暗示，比如演讲前可以这样暗示自己："今天听众很熟悉，心情没必要紧张"、"我准备得很充分，很有信心"、"你能行！我们等着为你的精彩演讲喝彩"。通过语言的暗示，从而消除紧张的情绪。

二、自信，让演说更自如

上台之前先给自己鼓劲，自信让懦夫变金刚。

说话时言语不流畅，吞吐搪塞，情绪紧张，大多是由于自信心不足造成的。自己对自己没有十足的把握，心虚胆怯，就会造成情绪紧张，而情绪紧张又会造成谈吐上的障碍。所以，在一定程度上来讲，树立自信对自己的口才发挥至关重要。如果信心充足，理直气壮，说起话来就铿锵有力，感染力也比较强。

很多人埋怨自己的谈吐能力太差，而有一部分人认为自己的谈吐能力并不差，可就是发挥不好自己的口才，说话无吸引力，很难打动对方。这些情况很常见，他们并不是谈吐能力差，而是缺乏相应的自信心。口才固然重要，但好的口才背后一定还隐藏着更重要的东西，那就是自信。每位成功的演讲家都有他们自己克服恐惧的小诀窍，如温斯顿·丘吉尔喜欢假装把每位听众都当成裸体的；富兰克林·罗斯福则会假设所有的人袜子上全都有破洞。在演讲界广为人知的"活雕塑"力克·胡哲先生，就是一个真正的偶像，他用超乎想象的自信打破了命运的枷锁，他不但从一无所有变成了一无所缺，而且收获了爱情和事业。

他的脸上永远是自信的微笑，他的眼睛闪烁着动人的神采，他的足迹遍布全球，用自己的故事告诉大家再大的困境都能超越。力克说："只有一次又一次的尝试，没有失败，没有失败者，相信你自己，你就能做到。"力克19岁的时候，他打电话给学校，推销自己的演讲。在被拒绝52次之后，他获得了一个5分钟的演讲机会和50美元的薪水。从此，开启了他的演讲生涯。他嗓音富有磁性，思路清晰，语言幽默，最关键的是，他有与众不同的人生经历可以与别人分享，给所有人坚持下去的力量。在多年磨炼当中，他具备了异常坚韧的心智和丰富的阅历。这些精神上的素养完全弥补了肉体上的缺陷，帮助力克超越了健全的大多数人，取得非凡的成就。

如今，他已经在全球34个国家发表过超过1500场演讲，每年要接到超过3万个来自世界各地的邀请。所有看过他的视频或听过他演讲的人，都无不发自内心地诚服于这个曾被预言"永远得不到爱"的人。

我们作为健全的人，有什么理由不自信呢？我们要有建立自信的方法：

1. 说话时要站直坐稳

许多人在说话时总坐立不定，来回摇晃、移动，情绪本来就紧张，摇来晃去使心绪更不稳定。心虚体身轻，飘飘若仙步，说的就是内心不自信的人。

坐如钟，稳如泰山，说起话来就有一种稳重感。

2. 说话时敢于正视别人

说话时不正视别人通常意味着有自卑感，感到自己不如别人，做事无信心。躲避别人的眼神意味着自己做错了事，心怀不安或内疚。正视别人等于告诉他：我很坦然，很光明正大。要让你的眼睛给别人以希望，这不但能给你信心，也能为你赢得别人的信任。

3. 说话时要抬头

说话时要给人朝气蓬勃的感觉，就要昂首、挺胸、谈吐自若；千万不要低头、垂目、耷拉着脑袋，一副信心不足的惨相。

成功学的创始人拿破仑·希尔说："自信，是人类运用和驾驭宇宙无穷大智的唯一管道，是所有'奇迹'的根基，是所有科学法则无法分析的玄妙神迹的发源地。"奥里森·马登也说过这样一段耐人寻味的话："如果我们分析一下那些卓越人物的人格物质，就会看到他们有一个共同的特点：他们在开始做事前，总是充分相信自己的能力，排除一切艰难险阻，直到胜利！"

上台之前装上自信，台上才能演说得自如。

三、幽默，让演说更优质

我想大家一定都听过一些枯燥、无聊、让人无精打采的演讲，不仅内容平淡，还缺乏笑料亮点，那如何让这样一场枯燥无聊的演讲变得生动有趣，令人印象深刻呢，在演讲中使用幽默就是一个很好的技巧。幽默是一种智慧，看似意料之外却又在情理之中；幽默是一项语言能力，让人捧腹后品味到语言的独特魅力。但是在你决定使用多少幽默和其类型之前，你必须考虑你自己的风格。有些人具有高效幽默天赋，即使最蹩脚的笑料，他们也能通过安排字与字之间停顿的长短使之十分好笑。而有些人，明明是非常好笑的笑料，说出来却并不好笑。在讲幽默之前，要注意以下几点：

1. 不要夸口，不吹牛

如果你想给听众一个饼，他们就会期望一个饼，而不是比萨，避免说"这将是你们听到的最好笑的笑话"或"让我们来听听这个笑话"之类的话，不要保证幽默，说就可以了。

2. 你自己不要先笑场

幽默是说的人一本正经，听的人忍俊不禁。不是本来不好笑的事情，你先笑个不停，这不是幽默，是尴尬。有些冷笑话冷幽默越是平静说出，效果反而越好。

3. 短小精练

说笑话的时候尽量短小精彩，如果太长就会让听众失去耐心，所产生的幽默效果也会打了折扣。说的时候要慢要清楚，确保听众都能听懂你笑话的每一个字，并且不要轻易打断听众的笑点，他们笑就让其笑个够。

4. 与主题相关

幽默虽好也不能滥用，一定要与演讲的主题相关才能收到效果。不要插播和演讲不相关的幽默，要使幽默的内容成为你所要表达信息的一部分。例如，有一个演讲者说：

我自己不在乎我的白发，可我的白发给别人带来了不愉快，这说明我的白发不是个人问题，而是社会问题、环境污染问题。于是我拿起镜子认真端详，发现我满头黑发如深夜的森林，唯独鬓角的白发格外刺眼，完全不是那种均匀分布的、常见的白发，极像是那些"先富起来的一部分人"，难怪谁见了谁不舒服。我觉得大丈夫活在世间，如果因各种制约而不能造福广大人类，那就在有限而微小的范围内给人以尽可能多的美感和愉快吧！这是方英文在西安联大发表题为《把美和愉快传染给别人》的演讲中的一席话。演讲者在一段令人忍俊不禁的开场白之后，别出心裁地解说起自己染发的原因。看似一番闲话，实则关涉题旨。如此富有幽默感的演讲语言，巧妙而又风趣，本身就能给听众以"尽可能多的美感和愉快"，而这正是幽默语言独特魅力产生的艺术效应。

我们普通的人在没有练成演讲大师时，并不具备随手拈来的幽默和笑料，真正想要让幽默为演讲加分，使演讲更优质，我们平时要从以下几个方面去注意语言技巧：

1. 自我开炮式的开场白

自嘲式的开场白不仅诙谐巧妙地介绍了自己，更重要也是一种自信的表现，敢于自嘲的人都是内心强大的人，这样会使听众感到亲切。

1990年中央电视台邀请台湾影视艺术家凌峰先生参加春节联欢晚会。当时，许多观众对他还很陌生，可是他说完那妙不可言的开场白后，一下子被观众认同并受到了热烈欢迎。他说："在下凌峰，我和文章不同，虽然我们都获得过'金钟奖'和最佳男歌星称号，但我以长得难看而出名……一般来说，女观众对我的印象不太好，她们认为我是人比黄花瘦，脸比煤炭黑。"这一番话嬉而不谑，妙趣横生，观众捧腹大笑。这段开场白给人们留下了非常坦诚、风趣幽默的良好印象。不久，在"金话筒之夜"文艺晚会上，只见他满脸含笑，对观众说："很高兴又见到了你们，很不幸又见到了我。"观众报以热烈的掌声。至此，凌峰的名字就传遍了祖国大地。

这就是典型的自嘲式幽默。

2. 学会利用反差，敢于调侃

当我们在讲述一件事情时，为了避免过于平淡，我们可以使用前后两句话反差十分明显的表达，这样听众原来的逻辑轨迹就会急速扭转，这一前一后的逻辑反差就能形成一种幽默的效果。看看马云的一次演讲：

世界上很多非常聪明并且受过高等教育的人，无法成功，就是因为他们从小就受到了错误的教育，他们养成了勤劳的恶习。很多人都记得爱迪生说的那句话吧：天才就是99%的汗水加上1%的灵感，并且被这句话误导了一生。勤勤恳恳的奋斗，最终却碌碌无为。其实爱迪生是因为懒得想他成功的真正原因，所以就编了这句话来误导我们。

很多人可能认为我是在胡说八道，好，让我用100个例子来证实你们的错误吧！事实胜于雄辩。世界上最富有的人——比尔·盖茨，他是个程序员，懒得读书，他就退学了。他又懒得记那些复杂的dos命令，于是他就编了个图形的界面程序，叫什么来着？我忘了，懒得记这些东西。于是，全世界的电脑都长着相同的脸，而他也成了世界首富。世界上最值钱的品牌——可口可乐，他的老板更懒，尽管中国的茶文化历史悠久，巴西的咖啡香味浓郁，但他实在太懒了，弄点糖精加上凉水，装瓶就卖，于是全世界有人的地方，大家都在喝那种像血一样的液体。

幽默是一种智慧、一种能力，先天不足可后天通过学习弥补，如果想成为一个成功的演说家，必须学会这种能力。

四、让资讯为演讲服务

演讲光有口才和激情还不够，丰富的材料是演讲成功的一个重要因素。熟悉演讲材料的收集整理范围非常重要。重要的是还要收集属于自己的材料，整理属于自己的素材，而且要保证材料的充足。

有一个演说家，他有自己收集资料的方法，他是这样跟我传授经验的："当我选择了一个题目时，就把题目写在一个大信封上，我备有许多这样的信封。假如我在读书时遇到一些好材料，认为将来用得上，就把它抄上，放入适合它题目的信封里。另外，我一直带着一本记事簿，当我在听别人演讲时，听到有切合我题目的话，便立即把它记下，也放入信封内。当我要演讲时，就针对我要讲的题目取出我收集的所有材料，再加上我自己的研究，这样一篇文章就形成了。在我许多年演讲中，从这里取一些，从那里摘一点，因而演讲永远有材料，也不会陈旧。"

这个方法挺好吧？目前通信发达，随处都有资讯铺天盖地，在选择材料和资讯方面更要谨慎和有的放矢。最好遵循以下几个选材料的点：

1. 新资料才能带来新鲜感

演讲者一定要去做一些别人做不到的事，挑战一些不可能或没人尝试过的事。这样的实战经验和史无前例的新事物才是独一无二不被复制的。一旦你做到了，你就很有说服力。因为你做到了，别人还没做到。

在某次会议上，主持人请企业领导讲话，他谢绝了。理由是：一时讲不出新的意见，与其重复别人的话，不如少说，最好是索性不说，这叫做少说普通话，不说人人都说滥的大众话，这位领导的做法值得倡导。实际上，那种一讲老话、套话就没个完的现象真是比比皆是。有些人讲起话来滔滔不绝，可往往是打着官腔，说套话，信息量很少，缺乏给人以启迪的东西，甚至只是起到了留声机、传声筒的作用。听这种没有新意的讲话，实在是味同嚼蜡，令人生厌。据说有个知名人士做报告，这里讲，那里讲，一年之内每次所讲的内容都如出一辙，丝毫没有变化。试想，社会在变，听众在变，可报告者如此一成不变、墨守成规，还有什么价值和吸引力呢？即使这个报告起初内容不错，可是日复一日地重复，也早让人生厌了。

2. 选材要为主题服务

材料和主题都是文章不可或缺的要素，二者的关系，具体说应该是相辅相成的。一方面，主题来源于材料，是从众多材料中提炼出来的，而在写就的文章里，主题又必须统率材料。另一方面，材料又必须说明主题，支撑主题，材料的存在要以为主题服务为前提。如果有人非要追问个究竟，二者到底谁重要，那么应该毫不犹豫地说是材料重要。

主题是选材的依据。选择材料必须紧紧围绕主题，选择材料时必须考虑它能否有力地支持主题或为主题服务，否则，再生动的材料也不能用。即坚持这样一条原则：凡是能突出、烘托主题的材料就选用，否则就舍弃。特定材料虽不给出具体的演讲标题，但主题还是有的。所以谨防跑题是演讲者应当重视的首要问题。要想防止跑题，必须做到两点：一要审准主题；二要选好事例。审准主题是防止跑题的关键。演讲者应当明确演讲的主题依附于材料。因此在演讲之前首先要考虑材料所包含的主题是什么。

选材要选典型，就是能够深刻揭示事物本质，具有广泛代表性和强大说服力的材料。它可能是一个典型人物、一个典型事件、一个典型场面、一个典型故事，也可能是人物的典型语言或典型动作。凡是典型材料，不论大小都具有普遍意义，用到演讲中有助于使主题深化，使演讲稿更加精练有力，能够以一当十，以少胜多。因而在选择典型材料时，要根据表现主题、表达情感、描写人物和景物的需要去严格巧妙地精选。

3. 向同行的老师取经

一个人闭门造车是不能前进的，博采众长才是发展和成长的态度。演讲界里大师云集，想成为一个好的演说家，一定要投资脖子以上的部分，思维拓展了眼界才宽。在听别人演讲的同时，既能学人所长，又能看到自己的不足之处。

五、先鼓励自己，再激励别人

安东尼·罗宾说过，一个人想要激励别人，首先要激励自己。如果你自己没有积极性，是不能调动别人的积极性的。

任何一位演讲者都有可能对自己的演讲题材产生怀疑。例如，他会问自己适不适合这个题目，听众会不会感兴趣等，因此很可能在一念之间就更改题目，这时消极的思想极有可能彻底毁灭你的自信，所以你应该先给自己打气，用浅显的话鼓励自己：

这次演讲很适合我，因为它来自我的经验，来自我对生命的看法；我将比任何一个听众都更适合来做这番特殊的演讲；我会全力以赴，把这个题目说得清清楚楚。

这种古老的方法真的管用吗？当然。现代实验心理学家们都同意，这种由自我暗示而产生的动机，即使是假装出来的，也会成为人们快速学习的最有力的动力。既然如此，那么根据事实所做出真诚的自我激励，效果自然也就是最好的了。

演讲者要天天给自己加油打气。一些销售公司为什么天天在晨会上喊口号，那就是一种直接的激励办法，虽然这个方法有些孩子气，但却是个简单易行的好方法。新闻分析家卡特本说，他年轻而毫无见闻的时候，在法国当推销员，每天走访一户又一户的人家，每天出发以前都要对自己说一番勉励的话。魔术大师荷华·索士第常在他的化妆室里跳上跳下，一次又一次大声喊道"我爱我的观众"，直到他的血液沸腾起来，然后他才走到舞台上，呈现一次充满活力和愉快的表演。

《疯狂英语》创始人李阳就是一个著名的激情演讲家，他每次上台都会先鼓励自己，一定要用自己的理念去带动更多的人大胆开口说英语。他说："我发现一个问题，就是要成功，最好的方法就是鼓励别人成功。我感到最High 的时候就是带着三万至四万人大喊'You can do it! You are the best!'，我鼓励完我回家了，他们都会很兴奋，过两天又忘了，因为他们不相信他们是最棒的。他们跟我喊的时候，那一瞬间相信他们是最棒的。即使我知道改变一个人的固有观念和恶劣习惯很难，但我依然会肩挑这份重担给大家带来积极的能量。"正是他这种自我鼓励外加激励别人的信念，成就了一场又一场精彩又充满激情的演讲。

电影《华尔街之狼》中乔丹·贝尔福特的演说技巧值得每一个人学习并深悟，下面的一段就是选自他的精彩演说：

"在这个世界上，做穷人不光彩，我富过，也穷过，我每次都选择做富人，因为至少有钱的时候，我就算面临困难，我也是坐在豪车后座，穿着2000 美元的西装和戴着14000 美元的金表。如果有人觉得我肤浅，或是崇尚物质，那就去麦当劳找份工作吧（不管国内还是国外，肯德基、麦当劳的工资都是按本地最低标准来），因为那才是你归属的地方。在你离开这间满是赢家的房间之前，我要你好好看看你身边的人，因为在一个不久的未来，当你开着破烂的普桑，停在红灯路口，那个人将开着全新的保时捷，停在你旁边，身边坐着大胸老婆，而你旁边的呢，三天没洗头穿着无袖衫的恶心老母牛。车上还装满了减价超市买来的菜。这就是坐你旁边的人。所以听好了，你付不起账单了吗？拿起电话开始拨吧！你房东要把你扫地出门了吗？拿起电话开始拨吧！你女朋友觉得你是个没用的废物吗？拿起电话开始拨。我要让你们用钱来解决所有问题！你们今天所要做的，就是拿起电话，说那些我教你们的话，我就能把你们变得比美国大多数 CEO 还富有！"

这个演讲运用了员工平时最容易面临的问题：缺钱导致被房东赶走，缺钱导致被女朋友看不起，缺钱导致……所以，与听众息息相关的东西，更容易被激发。激情演讲是每个演讲者要学习的地方。

第三部分

用对方法做对事，用技巧为演讲加分

第十一章 自我介绍就是"金字招牌"

一、先把自己"卖出去"是关键

自我介绍在整个演讲内容中所占的比例非常少，只有简短的几句话，时间也非常短。虽然短，却起了很关键的作用。一个好的自我介绍，能给人留下美好的印象，对接下来的演讲起到很好的启动作用。第一印象很重要。演讲者在演讲时不仅要使自己的观点灌输到人们的头脑中并得到认同，还要让听众能够记住自己。那么如何才能使自己被大家牢牢记住并有一个好的印象呢？那就是通过精彩的自我介绍把自己推销出去。

自我介绍语言要简单精练。自我介绍不是报户口做履历。比如："我叫某某，某年某月出生，曾担任某项职务，爱好某某。"这样的介绍着实乏味，更是难以给人留下什么印象，当你把最后一句说完时，估计大家已经把前面的忘得差不多了。精练的自我介绍，要用精彩、富有新意的语言展现自己，首先从名字开始。

比如："我叫张云博，弓长张，白云的云，博士的博。"这种介绍估计大家都感觉太 LOW 了，这属于低水平的自我介绍。换个说法再看看："我的名字包含了桃园结义的故事，张飞、关云长和博大胸怀的刘备，所以，你们想起桃园三兄弟就能想起张云博。"

有一次作家代表会上，作家萧军应邀上台，第一句话就是："我叫萧军，是一个出土文物。"这句话既新奇又幽默，用自嘲的方式表达，形式异常简洁，内蕴尤其丰富！胡适在一次演讲时这样开头："我今天不是来向诸君作报告的，我是来'胡说'的，因为我姓胡。"话音刚落，听众大笑。这个开场白既巧妙地介绍了自己，又体现了演讲者谦逊的修养，而且活跃了场上气氛。

作为演讲者，不管你准备了多少演讲内容，最初的30秒都是最重要的。不要小看这短短的开场白，它将决定此后你所说的每一句话的命运。听众将根据你给他们留下的第一印象来决定是否耐心聆听你的演讲。因此你必须把握好自己的开篇，事先反复练习。

好的开场白能吸引听众注意，同样存在许多开场方式上的误区，一旦陷入其中，你精心准备的讲话就会前功尽弃：

（1）开场要给听众制造悬念，不要一开场就反复述说讲话题目和内容。尤其不要一开场就说，"今天我要跟大家探讨的问题是……"，演讲的目的是吊足听众的胃口，才能让他们有听下去的欲望。

（2）演讲者无须装谦逊，在这里表现得不卑不亢效果最好。如果经常说"抱歉"之类的口头禅，你以为这样表现会显得友善和谦逊，但事实是听众会误以为你缺乏自信。

（3）不要对听众中的"重要"人物区别对待。没有必要说"谢谢某某董事长、某某老总、这个长那个长的……"诸如此类的话，只有在政党候选人面对非常尊贵的听众发表相当正式的讲话时才会使用这种过分客套的言辞。如果你想让听众注意他们中的某位人物，只需在讲话中直呼其名，权威建立在平等中，作为演讲者要牢记。你在台上不经意表现出讨好"重要"人物之举，反而会让其他听众觉得你趋炎附势，给自己的人品打折扣。

（4）不要解释你为何讲话。不要向听众解释你认为主席邀请你发表这番讲话的原因。记住，你站在台前便是最好的理由；你知道，听众当然也知道。即使非说不可，也应高度概括你的解释："你的朋友不需解释，你的敌人不信解释。"

（5）不要说你选择这个主题有多么艰难。因为听众相信，你的话题本应重要，你所要做的只是与他们探讨蕴藏在话题后面的实质。

不要忽视开场的自我介绍，那是自己的招牌。你能很好地卖出自己让听众买账，后续一切都将进行得顺利。

二、与众不同的自我风格

演讲风格因人而异，有人严肃，有人风趣，有人端庄，有人活泼，有人刻板，有人幽默，演讲是否精彩，不同的场景有不同的评价标准，无论这个评价标准有多不同，唯一可以解释的就是每个成功的演讲者都具有自己独特的、与众不同的风格。

扎克伯格曾经因为穿着 T 恤衫而遭到美国媒体的嘲弄；乔布斯千年不变的打扮依然粉丝如云；罗永浩嘴里不冒出脏话似乎就不会说话；丘吉尔是最伟大的演讲者之一，但他很少用手势表达自己……优秀而聪明的演讲者必须找到最适合自己的道路，然后坚持下去。

全世界的树叶有千千万万，但没有两片叶子是完全相同的；全世界有 60 多亿人口，也没有完全相同的两个人，大家都有自己的个性和特点。我们应该树立这样的观念：寻找自己独特的个性，让自己与众不同。

演讲也是如此。刚开始练习演讲的时候，我们努力学习成功演讲者的演讲方式，努力模仿他们，但我们不会完全模仿他们，更不会永远模仿他们。几十亿人都有两只眼睛、一张嘴巴、两只手，但没有一个人跟我们完全相同，我们的性格、思想和个性更不会与人相同。这就是我们最宝贵的财富，抓住它，珍惜它，发挥它，它将在演讲中发挥巨大的力量，让我们的演讲与众不同。

想要形成独特的自我演讲风格，就要在演讲中符合自己的特点和特长。选择什么样的演讲风格，关键看你是什么类型的人，具有什么样的个性，具有什么样的特长。你是一个时刻充满激情和力量的人，还是一个亲和、能够平易近人的人。充满激情和力量的人，激昂型的演讲风格更适合你，亲切而平易近人那么朴实或亲切型的演讲风格就更容易形成，所以了解你自己，确认你的演讲个性，这样你才知道什么样的演讲风格适合自己。

马云和俞敏洪都是演讲大师，但在我看来，他俩的演讲风格各有千秋。虽然都是企业 CEO，一个热衷于商业帝国，一个主攻教育堡垒。这样，两个人最初的定位和身份就有区别，所以俞敏洪给大学生做演讲的时候，总会提及他当年几次高考失利，最后开办培训班，一路走来很不易，但他从来没轻易放弃，直到把新东方推上了华尔街股市。他的个人经历，决定了他演讲的风格平易近人，语调亲切如话家常，让每个大学生创业者在感动励志的同时看到了自己成功的可能，是点燃大学生激情的教育领袖。而马云作为经济领袖，他的风格则是慷慨激昂，他总用前瞻性的战略眼光看待企业和经济的发展，而且语言精辟又犀利，其中还有多年沉淀的幽默。

在演讲中，我个人总结了三种风格的演讲：

第一种：对事物持支持态度的演讲者。

这类演讲者对自己提出的某一个话题或观点会引经据典，将自己的观点或话题上升到理论的高度，举出各种例子来说明它的道理和合理性。在说明的同时，可能也会采取现场实践的方式来激发大家的兴趣和参与度。

第二种：对各种事物采取批判态度的演讲者。

这类人的演讲风格与第一种人大不相同，他们通常假定人性都是非善的，他会根据自身的经历和总结，尽显现实的残酷和本质。在演讲的同时甚至采取调侃的态度，更以调侃和从容不迫的心态去面对周围的一切事物。所以，相对第一种风格的人来说，他表达或传递出的思想和方式倾向于从理论的高度回归到现实的角度。

第三种：保持中立，对一些事情保持客观真实。

这种演讲人始终保持平稳的态度，并时刻展现客观、坦诚的一面。更重要的是，他会从对方的角度来分析问题存在的本质和对方的真实需求，并以问题为切入点给对方一个完整的参考和经验的传递。这类演讲者一般很成熟，既能看到自己的立场，又能兼顾别人的价值，并且能用大量事实来佐证观点。

有一个故事，能很好说明，不论是哪一种风格，只要是独特的就能出彩。

民主党派的现任参议员史蒂文·道格拉斯与他的竞争对手共和党派的律师亚伯拉罕·林肯因为争夺参议员的位置而展开了一场精彩的演讲辩论。道格拉斯参议员身材矮小、敦实。有记者说，他就像是一头凶猛的斗牛犬，道格拉斯的朋友和支持者称他为"小巨人"。林肯则恰恰相反。他身材高大消瘦，长手长腿，看起来更像是一个头脑简单的农民，并非参议员候选人。二人不但外表迥异，而且个性、思想和立场也截然不同。道格拉斯十分儒雅，林肯则显得朴实；道格拉斯呆板而缺少幽默感，林肯则是有史以来最伟大的故事家；道格拉斯讲话气势非凡如狂风暴雨，林肯演讲则如小桥流水从容不迫。

他们都是非常著名的演讲家，都具有无与伦比的魅力和良好个性。虽然是一场棋逢对手的巅峰对决，但呈现给观众的却是不同的风格享受。

风格的形成是长期积累的结果，不是一朝一夕就能形成的，要想形成自己独特的演讲口才风格，必须下一番苦功夫，多学、勤练，久而久之，一定会形成具有个人特色的演讲口才风格。

三、自我介绍既要新颖又不失"度"

在什么场合说什么话，是人们在长期交往实践中总结出来的经验。谈话双方对于话题的选择与理解、某个观念的形成与改变、谈话的心理反应以及交谈结果，无不与场合有着直接的联系。所以，在谈话时，你必须考虑场合影响，有意识地巧妙利用场合效应。

开场的自我介绍追求新颖的同时不要失去分寸。有的人一说话就让人有好感，而有的人说话恰恰相反，不注意场合和听众，也许一句话说不好，不仅让人反感，并且还让人怀疑演讲者的动机。

有一个年轻人长得眉清目秀，可就是不会说话。朋友结婚，他前去祝贺，喜宴上他慷慨陈词："凭咱哥们交情，下次你再结婚我还来喝酒。"满座人面面相觑，朋友哭笑不得，他却浑然不觉。因为他说话不合时宜，所以谁家有个婚丧嫁娶的事情都不欢迎他。有好心人背后开导他说话要注意场合，多说主人爱听的吉利话，别说人家忌讳的话，他才幡然醒悟。

我国自古以来一向重视内外有别，也就是对自己人"关起门来谈话"，可以无话不谈，甚至说一些放肆的话，但公共场合或者有外人在场时，说话就要讲究分寸了。也就是说，说话要注意正式场合和非正式场合。

在公共正式的场合演讲，更考验主讲者的语言措词。一般来说，说话应与场合中的气氛相协调，而且要与自己即将展开的主题相契合。如果主题的基调相对严肃，开场自我介绍就不要太过幽默和活泼，过于轻佻的语言会影响后面严肃的主题。反之，如果接下来的演说内容是喜庆或激动的场面，开场就不要太过死板。孔子曾在《论语·季氏》里说："言未及之而言谓之躁，言及之而不言谓之隐，不见颜色而言谓之瞽。"这句话有三层意思：一是不该说话的时候说了，叫做急躁；二是应该说话的时候却不说，叫做隐瞒；三是不看对方的脸色变化，贸然信口开河，叫做闭着眼睛瞎说。

所以，演讲者要好好把握自己的自我介绍和开场措词，要保护好自己的"金字招牌"，不要因为言语失度砸了自己的招牌。

第十二章　好的演说要 "开场" 不要 "白"

一、问 "YES" 的问句技巧

一个主讲者不是陈述的语句好，而是会问问题。问者为王，一个人面对众多的听众，你直接告诉人家一些方法并不能产生很好的效果。如果把陈述句改成问句就会好很多。

（1）用问的方法，可以问出产品和服务的好坏和卖点，问出客户的渴望。比如，谁希望成为行业的冠军，YES；希望自己收入翻三倍至五倍的请说，YES；各位谁希望活到 90 岁的请回答，YES。

（2）用问的方法，把这个产品塑造到无价。比如，如果大家把销售演讲系统学会，站在讲台上把话说出去，就能把钱收回来，大家觉得值多少钱呢？听演讲重要不重要？YES。

（3）用问的方法，立刻成交。比如，你觉得成功是立刻成功还是等等再成功呢？渴望成功的有没有呢？YES。

（4）用问的方法，让顾客产生联想。比如：大家觉得是一个人成功好还是你的朋友和家人一起成功好呢？想一起成功的回答我，YES。

问 "YES" 的问句技巧是不是很激励人？2015 年底热播的《芈月传》中芈月执掌大权时对将士们的士气鼓舞，正是用了这一技巧。

你们当初当兵，必定不是为了造反，你们沙场浴血，卧冰尝雪，千里奔波，赴汤蹈火，为的不仅仅是效忠君王，保家卫国，更是让自己活得更好，让自己在沙场上挣来的功劳，能够荫及家人，为了让自己能够建功立业，人前显贵，是也不是？

今日站在这里，都是大秦的佼佼者，你们是大秦的荣光，是大秦的倚仗，是也不是？

我大秦曾经被人称为虎狼之师，令列国闻风丧胆，可就在前不久，五国陈兵函谷关外，可我们却束手无策，任人勒索宰割，这是为什么？我们的虎狼之师呢？我们的王军将士呢？都去哪儿啦？大秦的将士，曾经是大秦的荣光，可如今却是大秦的耻辱！当敌人兵临城下的时候，你们不曾迎敌为国而战，却在王位相争中自相残杀，这就是你们的作为！曾经商君之法约定，只有军功才可受爵，无军功者不得受爵，有功者显荣，无功者虽富无所荣华。可有些人就是不愿意遵商法，要恢复旧制，所以派人来杀我，你们也不情愿、也不想实行新法，是吗？

为何你们站在了靠祖上余荫吃饭的旧族那边，自愿成为他们的鹰犬，助纣为虐，使得他们随心所欲、胡作非为，使得商君之法不得推行，使得兄弟相残、私斗成风？你们的忠诚，不献给能够为你们提供公平、军功、荣耀的君王，却给了那些对你们作威作福、只能赏给你们残渣剩饭的旧族们，是吗？

将士们，我承诺你们，从今以后，你们所付出的一切血汗都能够得到回报，任何人触犯秦法都将受到惩处，秦国的一切将是属于你们和你们儿女的，今日我们在秦国推行这样的律例，他日天下就都有可能去推行这样的律例，你们有多少努力就有多少回报，你们可以成为公士、为上造、为不更、为左庶长、为右庶长、为少上造、为大上造、为关内侯，甚至为彻侯，食邑万户，你们敢不敢去争取，能不能做到？

在演讲中，尤其是销售演讲的过程当中，可以问些 YES 的问题，顾客会觉得你提出的问题是为他着想，利于沟通，很快拉近距离，取得信任。演讲者学会问话比学会讲话更有用武之地。

二、最忌讳的是一开场很严肃

一般人为什么喜欢听相声？或是看幽默小品？在于这类艺术表现形式主要是"抖包袱"，内容有料，让人听后忍不住发笑。演讲也是一门艺术，尤其是开场的时候，你能不能让观众由衷地喜欢不管是艺术还是技术。轻松活泼的开场气氛会让观众放松，从一种审视与对抗或者陌生的疏离状态进入认同、合作与松弛的不对抗状态。演讲者上台后，最忌讳一开场就很严肃、沉闷。有的演讲者上台后并不立即开口，而是先做一些动作，以引起听众的注意与好奇心。

冯骥才应邀到美国访问。一天，旧金山中国现代文化中心邀请他去演讲。美国人参加这类活动是极其严肃认真的，必定是西装革履，穿着整齐。对演讲者要求很高，必须是口若悬河，机智敏锐，而且要幽默诙谐，否则他们就不买你的账，甚至会纷纷退场。演讲即将开始，大厅里座无虚席。文化中心负责人葛浩文先生向听众介绍说："冯先生不仅是作家，而且还是画家，以前还是职业运动员。"简短介绍完毕，大厅里一片寂静，只等这位来自中国的作家开讲。这时，冯骥才也很紧张，这台戏不好唱啊！只见冯骥才沉默了片刻，当着大家的面，把西服上衣脱了下来，又把领带解了下来，最后竟然把毛背心也脱了下来，然后慢慢说道："刚才葛先生向诸位介绍了我是职业运动员出身，这倒引发了我的职业病。运动员临上场前都要脱衣服的，我今天要把会场当作篮球场，给诸位卖卖力气。"全场听众大笑，掌声雷动。

由此可见，有一个好的开场白，是多么重要。演讲学界曾有人指出：如果没有一个好的开头，想在整个演说过程中始终做到轻松、巧妙地与听众交流思想是颇为困难的。一个有演讲经验和演讲学识的演讲家，通常都非常重视演讲开头的设计。这样说的理由很简单：演讲开头是演讲者向听众发出的第一个同时也是最重要的信号，能否抓住听众的注意力，引发他们的兴趣和积极性就取决于这最初发出的信息。俗语说：良好的开端等于成功的一半，这句话用来说明优秀演讲开头的功用颇为适宜。

文章开头最难写，同样道理，做演讲开场白最不易把握，要想三言两语抓住听众的心，并非易事。如果在演讲的开始听众对你的话就不感兴趣，注意力一旦被分散了，那后面再精彩的言论也将黯然失色。因此只有匠心独运的开场白，以其新颖、奇趣，才能给听众留下深刻印象，才能立即控制场上气氛，瞬间集中听众注意力，从而为接下来的演讲内容顺利地搭梯架桥。

复旦大学举办的《青年与祖国》的演讲比赛，当时由于种种原因，会场嘈杂难静。当时有位同学上台，他刚讲个开头，就立即扭转了混乱局面，紧紧抓住了听众的心。他说："我想提个问题。"台下听众立即被他这种新奇的开头形式所吸引。他停顿了一下，继续说："谁能用一个字来概括青年和祖国的关系呢？"这时，台下听众议论纷纷，情绪活跃。他立即引导说："可以用'根'字来概括这种关系。"接着，他讲述上海男人名字喜欢用"根"字的原因，并归纳说："我们青年有一个共同的姓，就是'中华'；有一个共同的名，就是'根'。'中华根'应该是中国青年最自豪、最光荣的名字！"话音刚落，全场顿时掌声雷动。这样的提问开头，新颖别致，出人意料，让人耳目一新，激起听众浓厚的兴趣。

不论哪种演讲场合，演讲者要牢记"让听众好奇"才是法宝。

美国著名电影新闻报道家罗威尔·托玛斯在一次演讲中讲述劳伦斯是这样开头的："有一天，当我经过耶路撒冷的某条街时，遇见一个身穿东方君主华丽衣衫、腰间插着一柄仅有穆罕默德的子孙才佩带的金质弯刀的人。可是这个人的外貌一点也不像阿拉伯人，他的眼睛是蓝色的，而阿拉伯人的眼睛永远是黑色的或棕色的。"

他的这段描述，一定会激起听众的好奇心，听众愿意再听下去，想弄清：他介绍的人是谁？为什么要打扮成一个阿拉伯人？做了什么？后来怎样？

演讲者不但是制造悬念的导演，而且还是个优秀的演员，既要控制场面，又要倾情演好。

三、积极调动现场气氛

当你走上讲台或站在人群中面对一张张面孔将要开始演讲时，面临的第一个问题就是，如何使听众对你或你即将阐述的观点、问题感兴趣，使在场的人都能在你一开口时就不由自主地注视着你。尤其在听众比较倦怠或情绪不够稳定的情况下，如何振奋听众的精神、稳定听众的情绪、调动现场气氛就显得非常必要。现场气氛不积极的话，听众不但听不进主讲者的任何观点和思想，更多的时候，主讲者在台上讲得热情澎湃，台下人竟然昏昏欲睡。

有一次，某单位召开了一个关于安全生产的职工大会。轮到最后一个车间主任做表态发言时，职工有的看表，有的交头接耳，会场秩序有些不安定。这位车间主任见此情景，开口就说了一句：

"劳驾诸位——请大家对一下表。"

说着，他也伸出胳膊，注视着自己的手表，情态极为认真。在场的所有职工几乎都愣了一下，然后真的就去看自己的手表。

"现在是……9点12分。"他说，"不准的请拨正。我的发言只需要15分钟。到9点27分我要讲不完，请前排的同志把我从窗口扔到外面去！"

会场内先是爆发一阵欢笑，笑得都很开心，接着便鸦雀无声，开始听他的15分钟发言。

这个车间主任就很会调动现场气氛，把本来懒散想要提前撤场的听众重新拉回到积极的状态。

要调动现场气氛，演讲者应从以下几个方面入手：

第一，娴熟地掌握演讲内容。

演讲内容生动有趣、全面准确，在表达过程中要跌宕有致，让观众听得全神贯注、心驰神往。这种境界，显然不是照本宣科式的念演讲稿所能达到的。所以，把稿件熟记在心才能游刃有余，即使略有偏差也会自我纠正，如果记不住稿件，需要照稿念，演讲者往往顾此失彼。顾了讲稿，顾不了听众，更谈不上用丰富的表情和形象的动作与演讲内容协调配合，演讲当然无法生动形象。这样，听众会无形中降低对演讲者的信任感，降低对演讲的注意力和重视度。

第二，别卖弄自己。

一般而言，听众讨厌那些惯于卖弄、喜欢炫耀，总是以自己为中心的演讲者。所以，要想博取听众的好感，再有名望的人也不能居高临下、颐指气使，只有平易谦和才能与听众融为一体。作为主讲者，你不可能知道台下所有人的背景和阅历，也许你在台上的卖弄，台下早已把你当作笑料。

第三，选择听众喜欢的话题。

（1）满足听众好奇心的话题。人对自己不熟悉的事物都有想知道的欲望，所以要多讲一些趣闻轶事、突发事故、个人经历等，都能激发听众的好奇心。

（2）事关听众利益的话题。群众最关心涉及切身利益的事情，所以关系到听众吃、穿、住、行等切身利益的演讲当然会受到欢迎。

（3）娱乐性话题。幽默、笑话、故事穿插于演讲之中或构成一段完整的演讲，在博得听众一笑的同时也征服了听众。娱乐性演讲一般时间较短，且多用于礼仪场合。

（4）满足听众优越感的话题。世界上很少有人讨厌被"奉承"。演讲者要尽量多掌握听众的基本情况，以便在演讲过程中穿插一些能满足听众优越感的话题。

学会调动现场气氛是一个演讲者的基本功，不论任何形式的演讲，现场的控场都很重要，会调动现场的主讲者不仅要具备临场的应变能力，还应具备学识和头脑，更重要的是要有给听众制造梦想的激情。

第十三章　狼王演说家
就是"造梦家"

一、启发听众，点燃梦想，告诉听众，他也能

每个来听演讲的人都是抱着目的来的，他们想要在听完演讲时或许思想能提升，或许知识能丰富，或许见闻能增长。每个人都有自己的梦想，演讲者就要从这一点出发，当听众能够从你的演讲中体会到"我也能"的时候，就会对你留下深刻的印象。

听过马云演讲的创业者，会不会也热血沸腾感觉自己也能成为一个很好的创业者，也能有属于自己的一片天？

听过疯狂英语创始人李阳的激情演讲，那么多人高呼我能，我要张口说英语。

听过陈安之老师的演讲，很多对自己没底气的演说者是不是也能得其精华，觉得自己正在往他的路上行进？

还有很多销售人员，在听了演讲者精彩的销售演讲，个个摩拳擦掌，觉得自己能成为一个合格的销售。

这就是一个演讲者给听众带去的能量，你用演讲告诉别人，他也能。

汤姆·霍普金斯，是当今世界上第一名推销训练大师，全球推销员的典

范，被誉为"世界上最伟大的推销大师"，接受过其训练的学生在全球超过500万人。每年他都会出席全球上百场演讲会，向全世界梦想成功的人们传授销售知识，分享自己毕生的成功经验。

今天，全世界90%的销售培训课程，都来源于他的销售培训系统。他出版的很多经典销售培训书籍，被翻译成了30多种语言，让全球超过5000万人受益。在销售培训方面，被公认为"造梦大师"和"销售冠军的缔造者"。

在造梦这方面，陈安之老师绝对是大师。他在一次《中国保险业成为NO.1》的演讲中是这样带动大家的：

这边的掌声我听不到（东、南、西、北，边指方向边说掌声我听不到），想成功致富以及超越自我的伙伴，早上好。

现在趁演讲开始之前呢，我们做一个小小的活动可以吗？

请把你们的双手伸出来好不好，有没有手吗？OK，等一下呢，我数到3的时候，请把你们的手合起来，然后合着不要动——这样好不好，1、2、3合紧一点，仔细看一下，右手的大拇指在左手上的请举手，请右手大拇指在左手上的手举起来，其他人依然摆着，OK，仔细看一下，经过心理学家超过一千次以上的研究，这些人比较性感、比较有魅力，不要换手指头，我看到有人换手指头，这些人晚上行动力特别强、小孩子也生特别多。

有没有人左手大拇指在右手上面的，有没有这样的人请举手起来一下。根据超过两千次以上的研究，这些人比较会成功、比较会赚钱，我又看到有人换手指头啦！

有没有左手右手拇指差不多的请举手，差不多的，仔细看这群伙伴。这群伙伴经过心理学家超过一万次以上的研究。这些人呢是自以为性感、自以为聪明、自以为是的人。在座想成功的举手，想成功的。没举手的都可以出去罚跪啦！谢谢，手放下。

请问大家想成功比较容易成功，还是一定要成功比较容易成功，是哪一个？

觉得一定要成功的请举手。

你们觉得嘴巴说说就会成功，还是要实际采取行动，哪一个比较容易成功呢?

是哪一个，觉得要行动比较容易成功的请举手，这群人依然不会成功。

问大家，一个保险业务代表，一年只行动一次、一年只拜访一位顾客，这人会不会成功啊? 不会嘛! 所以行动不会成功。

我问大家运动身体会不会健康啊，觉得运动身体会健康的请举手，现在大家不敢举手了。手放下，运动身体不会健康的，一年365天只慢跑一次这样会健康吗? 答案是不可能的。所以今天我们要成功不只要行动，还差了哪两个字，你们猜猜看——持续。觉得持续行动，持续运动会健康的请举手。

我们市场调查一下，觉得对成功而言知识比人脉关系更重要的请举手，OK。

觉得人际关系比较重要的请举手，OK。假如两者选一，你们选哪一个? 你们选知识还是选人脉关系? 选哪一个? 选知识的请举手，只能选一个，选人脉的请举手，手放下，你们还是答错了。所以选哪一个比较重要，哪个都是错误的答案。我问大家你们觉得一个人的头脑比较重要还是心脏比较重要。

觉得头脑比较重要的请举手，觉得心脏比较重要的请举手，两者选一个请问你们选哪一个?

选心脏的请举手，这一群人白痴，选心脏没有头可以吗? 选头脑的请举手，还举手，谁的头没有心脏可以活?

假如两者只能选一个你要选哪一个? 两者都非常重要。所以知识好像头脑，人际关系好像心脏，缺一不可，同意的请举手，OK，所以在今天这一个半小时之内呢，我们要来学习……

看完这段演讲，大家被点燃激情了吗? 大家觉不觉得陈老师是个造梦家呢? 一定觉得。听完这段话我相信每位听众都会跟着他的思路继续往下走，这就是一个成功的演讲家要做的事情。

二、听你说完，他会被你的思维带着走

　　每个人都有自己的思维和自制力，怎么可能随便跟着你的思维走？如果是好的思维，自然会跟着你走，不好的东西怎么会跟着你走？演讲的最高境界就是让听众跟着你的思维走，对方接受你的思想，听从你的思想，不管做什么事都会想起你的观点。

　　马克·汉森，美国亿万富翁制造机，全球第一畅销书《心灵鸡汤》作者，创造梦想的实践家，演讲身价高居全球第五的专业演讲家。在过去20年的时间里，马克·汉森一共拜访了1000多位亿万（美元）富翁，了解了他们成功的共同问题，得到成为亿万富翁的秘诀，并在《亿万富翁制造机》的课程里面，把这些秘诀传授给了人们。绝大多数的人都想拥有财富，听众跟着他的思维走，迅速掀起了一股"马克·汉森"风潮，还出现了一大批崇拜者。

　　博恩·崔西是当今世界上个人职业发展方面最成功的演讲家和咨询家之一。他相信，每个人的想法都会产生一股心理能量的磁场，影响身边的人。博恩·崔西的目标是帮助更多人和组织更快地实现自己的目标。到目前为止，他已经帮助400多万人实现了自己的目标。博恩·崔西的思想吸引了众多的听众，就连世界首富比尔·盖茨也赞不绝口："博恩·崔西不仅教会了我们销售，更教会了我们如何去思考。"

　　作为一名好的演讲者就应该有能力掌握现场观众的感情和情绪，让观众的大脑跟着你的演讲思路走，然后用他们自己的大脑去思考，使他们在听的过程中感受你的情绪，这样他们才能在你的演讲中去激动或者难过。

　　一位成功的商人说："搞事业，第一要胆识，第二要口才；做管理，第一要智慧，第二要口才；谈业务，第一要口才，第二要人脉。"事实确实如此，你的声音能传播多远，你的舞台就有多大；你的思想能够影响多少人，你的事业就有多宽广！

约翰·库缇斯，一个与众不同的人。他所经历的逆境与成功，对每个人来说，都是巨大的个人感召。他天生严重残疾，但他以拒绝死亡来挑战医学观念。

他的演讲雄伟壮丽，他有清晰的头脑，很好的幽默感，他乐于付出他的时间和才能。约翰在全世界向千千万万热情、热切的人们演讲，他失去双腿，也不依靠轮椅生活、移动和存在，却形成了世界级的自尊、自信和自立。他是当今世界上最著名的残疾演讲大师。

一次偶然的公开演讲，给约翰带来了全新的人生。

在一次午餐会上，约翰应邀对自己的经历作简短的演讲。"我一定要把最勇敢的一面呈现给观众！"约翰告诉自己。他的经历和现状让现场观众热泪盈眶，他也因此赢得了热烈的掌声。一个女人跑到台上，哭着告诉约翰，她非常不幸，正准备自杀，身上还带着手枪，听了他的演讲后，她觉得自己应该好好地活下去。

约翰有着天生的演讲家的气质，语言幽默，反应敏捷。在演讲台上，约翰用粗壮的胳膊支撑着身体，眼神炯炯，声音洪亮，仿佛拿破仑在激励他的千军万马向前冲。到现在为止，约翰在190多个国家演讲了800多场，他用自己的亲身经历，激励和影响了200多万人！

每个演讲者都能成为大师，都能成为梦想的引领者。

第十四章 演说会场，要互动，不要冷场

一、适时提问，舒缓节奏，带动气氛

　　演讲者如果在整个演讲过程中只是一个人滔滔不绝地演讲，无论多精彩的演讲也会让听众感到吃力，在心理学上有个十分有趣的现象：如果十分钟之内没有让一个人的思维和头脑调动起来，很可能十分钟以后他的思维就开溜了。演讲十分注重现场的互动。要在适当的时候对听众提出问题，第一有利于舒缓节奏，第二能带动气氛。有位演讲者一上场，就给听众讲故事：

　　《圣经》中有个小故事，一位富商将要远游，临行前分别给了三个仆人同样数量的钱，任意支配，一年后归还。第一个仆人用它做生意，结果血本无归；第二个也做生意，结果赚了数倍的钱；第三个把钱珍藏起来。一年后主人回来，给第一个亏本的仆人又补足同量的钱，嘱咐他以后经商精明些；对第二个仆人大加赞赏，奖励他更多的钱去扩大生意；叱骂第三个仆人懒惰之后，立即收回了本钱。故事讲完之后，演讲者询问听众："主人这样做公平吗？"台下听众议论纷纷，讨论热烈，有人说"公平"，有人说"不公平"。演讲者并不立即表态，又说："我先不评论主人是否公平，最后来做结论。如果我的观点不当，欢迎唱反调；哪句话不当，可以和我唱对台戏！"大家齐声说"好"，他趁机亮出论题《公平竞争，优胜劣汰》，紧接着侃侃而谈，

还在演讲中途提问让听众答"是"或者"不是"，台上台下，遥相呼应，大家听得非常认真。到演讲结束时，他才肯定故事主人做法的高明之处，直到演讲结束也没有一个观众出现注意力不集中、精神懒散的状态。

这位演讲者高明之处在于：一是以故事开场，自然能激发听众的兴趣，将注意力集中到演讲者的演讲内容上；二是故事讲完又提问题，让听众讨论，引起听众参与的兴趣；三是欢迎听众"唱反调"，有意让听众"唱对台戏"，这更激活了听众的思想，时刻"跟踪"演讲的思路，自然听众也会加倍认真倾听演讲；四是随时上问下答，遥相呼应，引起"呼应式"互动。目前经济发展迅速，电子通信设备日新月异，各种 APP 大行其道。有一种模式更符合将来演讲者与听众的互动，就是演讲者在台上提出问题，台下每个听众都可以参与，即使是只爱刷朋友圈的"低头族"也可以参与。演讲台上有大屏幕，对于问题的回答，每个听众都可以不记名把答案显示在大屏幕上，既新颖又风趣，而且可以任凭自己的想象和观念去回答主讲人的提问。

演讲时，如果能让听众参与其中，同演讲者形成台上台下互动、上下呼应的局面，定然会取得不错的演讲效果。我们该如何互动呢？

1. 寻找彼此的相似点

"物以类聚"这个词告诉我们，人们会主动寻求与自己相同或者相似的事物而排斥不同的。当人们的相似点越多的时候，彼此越能产生一见如故的感觉。相似点来自哪里？比如，背景、兴趣、年龄、职业、家乡等。在不断发现相似点的过程中，就会一步一步拉近彼此之间的距离。

2. 谈论对方的兴趣点

著名罗马诗人西拉斯说："我们对别人感兴趣，是在别人对我们感兴趣的时候。"在演讲的时候，要多说听众感兴趣的话题，不要自己在一边信口开河。这样才能找到突破口，把你的精神产品——演讲，出售给听众，让他们乐于接受。从这个意义上来说，在演讲的时候，听众的兴趣点就是演讲者的出发点。

二、跟观众握手，肢体互动

歌手或演员在台上最喜欢做的事情是什么？就是跟台下的观众握手，然后高声喊着："大家一起唱好不好？"然后场面就整个 HIGH 起来。这就是一种典型的现场互动。观众面对他们的偶像都想尝试去握握手，肢体互动一下，会显得更亲切。整个场面因为这样的互动也会更有激情和活力。作为一个演说者，不可能一开始就是被粉丝追随的偶像，但我们自己可以把自己变成偶像。进场主动跟观众握手，第一，显得谦和；第二，拉近距离。众所周知，肢体语言是人际交往中很重要的一部分。一眨眼，一举手，一投足，甚至是不经意的转头，都可能成为你在别人眼中的缩影。一个含胸驼背、举止怪异、精神委靡的人很难让人产生好的印象，想要成为一个更成功的自己，就要学会用肢体语言塑造自己。

握手，是交际过程中一个重要部分。握手的力量、姿势和时间的长短往往能够表达出对握手对象的不同礼遇和态度，显露自己的个性，给人留下不同印象，也可通过握手了解对方的个性，从而赢得互动现场的主动权。美国著名盲聋女作家海伦·凯勒说：我接触的手有的能拒人千里之外；也有的手充满阳光，你会感到很温暖……

演讲者在与听众握手的过程中，也能体会到听众的不同之处，在互动中也可能让观众相互拥抱。

有一次听一位老师的演讲，他说："大家对你们身边的人戒备吗？或者说你们信奉不跟陌生人讲话吗？我们今天能聚在一个屋子里，本身就是前世几百次回眸修来的。我想问大家，你们有没有勇气给坐在你们左右的人一个拥抱？刚开始大家面面相觑，谁也没有主动去拥抱身边的人，尤其女同志们更是拘谨。接着老师又说，你们每个人都想成为真正的销售高手，都敢于跟陌生的人打交道，现在你们就坐在彼此的旁边，按道理已经不算完全陌生人了，你们却不敢下手了。（现场笑声）再试一下，看看自己有没有敢于突破的勇气？这个时候，大家都放开了，都互相转身轻轻拥抱了对方。老师带头鼓掌，大家也开始鼓掌。接着老师说，我们今天演讲的内容就是《如何突破自己》，我看大家放下矜持，敢于向身边的人行拥抱礼，就是突破自己的第一课。

正是由于老师的提议和举动，现场气氛一下子活跃起来了。台下原本彼此不熟悉的听众也变得熟悉起来。每讲到精彩处，掌声就会响起来。

三、让观众鼓掌的技巧

掌声，是最美的声音。台下掌声雷动，台上则信心百倍。这是心与心之间靠有声的掌声达到无声的交流，是人与人之间凭着一种给别人爱的鼓励达到爱的传递，是人们借以传达思想和心情的一种表达方式和沟通形式。掌声不仅可以激起演讲者的自信心，更能起到活跃现场气氛、带动听众情绪的作用，演讲者一定要掌握一些让听众鼓掌的技巧。

鼓掌是听众对演讲者的肯定，听到热烈的掌声，演讲者的激情就会被激发出来，演讲的兴趣也会倍增。任何一个演讲者都希望获得听众的热烈掌声，可是如何让听众鼓掌呢？

1. 充满激情的语调让听众鼓掌

登上讲台的时候，有些演讲者会说"大家好"三个字。可是，同样的三个字，从不同的人口中说出来，就会出现不一样的效果：有的说出来有掌声，有的没有得到掌声。为什么？因为他没有掌握语调的技巧。事实证明，当我们语调上扬的时候，尤其重音落在"好"字上的时候，听众就会受到一种暗示——"该鼓掌了"！

2. 通过停顿让听众鼓掌

同样以"大家好"为例，说完这三个字后，如果稍稍有个停顿，听众就会明白演讲者的用意了，大家自然就会鼓起掌来。

3. 通过动作让听众鼓掌

同样以"大家好"为例，说出这三个字同时摆出一个上扬的手势也是在暗示听众"该鼓掌了"。很多演讲者在刚上场的时候往往会给大家鞠躬，这也是提醒听众鼓掌的一个动作。

4. 通过赞美听众让听众为他们自己鼓掌

为谁鼓掌不重要，重要的是你的演讲会场要有掌声。如何来获得掌声呢？夸赞听众，比如你可以这样说：

"今天是周末，本来是休息时间，看到这么多张热情洋溢、求知若渴的脸，我非常感动！当别人选择玩的时候，你们选择了学习，太棒了！掌声送给自己！"

5. 通过激励让听众鼓掌

为了赢得听众的掌声，有些演讲者会说一些激励听众的话，比如：

"今天要跟大家分享的内容是我潜心5年研究的成果，想要全部学到的请鼓掌示意我！"

"接下来的内容更加精彩，还想要我继续的，请鼓掌！"

"你们的鼓掌越热情，我的分享越彻底！"

6. 通过理由、借口请听众鼓掌

为了赢得听众的掌声，有些演讲者会说出一些理由、借口，比如：

"今天我的嗓子很痛，还有点小感冒，但是听到大家那么热烈的掌声，我就决定，今天我讲到嗓子破裂，也要讲下去！"

"每鼓一次掌，你的生命就会延续0.06秒！"

"听说讲师喝水的时候，就是听众鼓掌的时候。"

"话筒的声音怎么不出来了呢，原来它想被掌声请出来啊！"

四、小游戏大作用

有位演讲者一上台就问："朋友们一起来做个游戏好不好？"听众兴趣陡增。他再指导听众操作："请将左右手的手指牢牢接触，双手做成一个'心'型，然后谁能把两个相对的中指不要分开钻过食指，或者往后钻过无名指？如果能钻过去有神奇的结果。"他指导听众操作，自己又示范，形成模仿式互动。结果大家能钻过去的比率非常小。于是，少数几个钻了过去的人，一下子激发起听众的好奇心。大家都想知道，能钻过去有什么神奇的事情发生。演讲者说，能钻过去说明手柔软，平时干活儿少，养尊处优呗。现场全笑了，真是一个大悬念。

虽然大家没有得到预料的答案，但是现场的气氛活跃了。可见，一个小游戏在演讲时起到不小的作用。有一次参加朋友的婚礼，现场婚礼司仪给大家做了一个简短的演说，虽简短却记忆犹深，当时司仪让大家随他一起做了一个小游戏。

首先大家伸出两手，将中指向下弯曲，对靠在一起，就是中指的背跟背靠在一起。然后将其他的4个手指分别指尖对碰。在开始游戏的正题之前，请确保以下过程中，5个手指只允许有一对手指分开。下面开始游戏的正题。请张开你们那对大拇指，大拇指代表我们的父母，能够张开，每个人都生老病死，父母也会有一天离我们而去。请大家合上大拇指，再张开食指，食指代表兄弟姐妹，他们也都会有自己的家室，也会离开我们。请大家合上食指，再张开小拇指，小拇指代表子女，子女长大后，迟早有一天，会有自己的家庭生活，也会离开我们。那么，请大家合上小拇指，再试着张开无名指。这个时候，大家惊奇地发现无名指怎么也张不开，因为无名指代表夫妻，是一辈子不分离的。真正的爱，粘在一起后，是永生永世都分不开的。

做完游戏，现场新娘新郎都被感动得落泪了，大家也给司仪报以热烈的掌声，此刻他没有长篇大论爱情的高尚和婚姻的神圣，只是一个小游戏就控制了全场人的情绪，既应情又应景。

既然在演讲中游戏的作用如此重要，在这儿给大家搜集了几个比较适用于演讲现场的游戏。

1. 花样按摩操（中场放松用）

大家集体向右转，伸出你的双手。双手轻轻放在前面同仁的头上："摸摸你的头，万事不用愁"；双手轻轻放在前面同仁的肩上："捏捏你的肩，准能成神仙"；双手轻轻放在前面同仁的背上："捶捶你的背，工作不怕累"；双手轻轻放在前面同仁的腰上："揉揉你的腰，天天乐逍遥"。双手放屁股上，摸摸你屁股（哈哈大笑），回过头来重新做一遍。

2. 猎人打兔子（活跃气氛）

伸出右手，握紧拳头，伸出食指和中指，形成一个"V"字样（代表兔子），面朝自己；然后伸出左手，握紧拳头，伸出大拇指和食指，形成一个"手枪"式样（代表猎人拿着手枪），面朝自己。

当左手（代表手枪）靠近右手（代表兔子）时，右手要跑，边跑边说："猎人追、兔子跑；猎人追、兔子跑"，当跑到最边的时候，左右手轮换，即左手突然变成兔子，右手突然变成手枪（本游戏就是为了让大家体会左右手迅速切换的反应）。一直重复，直到学员全部能够熟练变换为止。

不要忽视演讲现场与观众互动时的小游戏，需要演讲者平时要善于学习一些搞笑易做的游戏，任何可用于服务现场的知识都要学以致用，这是我们每一个演讲者的态度。

第十五章 营造磁场让听众接收有用信号

一、用自身格局与智慧吸引人

所谓格局，是指一个人的眼光、胸襟、胆识等心理要素的内在布局。

有一句话说得好，你的眼光有多宽，你的舞台就有多大；你的格局有多大，你的胆识就能有多宽；人的格局变大，思想才会有高度。

一个演讲者在台上所说的每一个言论，表达的观点和思想都要受听众的检验，是不是思想超前、观念新颖，个人格局大小，这个做不了假。三句话就能暴露出自己的内在学识、修养、个人的眼光和胸襟。所以，演讲者要用自身的格局和智慧吸引人。

成功演讲能给人留下难忘的言语、深邃的思考以及人生美好的启迪。这种外在的成功离不开内在的功夫，即演讲者哲理性的思维，形成思维哲理性的品质。演讲者无论对本人或他人的经历、事迹、教训、感想，还是对事物、事件的评价、感受都应进行缜密的思维、提炼，使之具有哲理性。成功的演讲者必须常常观察社会、洞察现实、思索人生、理性思辨、深层思维、哲理概括。虽然，听众不可能记下演讲者的每句话，但经过演讲者千锤百炼而成的哲理性语言，能打动听众的心，能给听众无穷的思考和深远的启示，这也是一个演讲者个人内在智慧的外在显现。

演讲的圣堂并非任何人能随意登踏，也并非任何人都能如愿。成功演讲本身对演讲者是有选择的。不论是谈论自己，还是抒发他人、他物，演讲者都要有形象的塑造。这个形象是以"人格化"为基调的，演讲者人格形象的树立，事实上就是形成演讲者的人格魅力与磁性，演讲者有了这种魅力与磁性就为演讲成功营造先入为主的意境。

演讲者的人格不在于美丽的外貌和华贵的装饰，而在于具有坚定信念、优良品行、实事求是、坚持真理以及充满活力、蓬勃向上的品格。这种品格也是演讲的一种无声语言，它会自然吸引人、产生感染力。孔子曰："不能正其身，如正人何？"，"子帅以正，孰敢不正。"大凡成功的演讲者都十分注重修身养性和人格形象再塑。没有人格、品德败坏的人是无权登台演讲的。一个行动的矮者、知行不一的人，充其量只能来一阵理论的空喊；一个品行败坏、图谋不轨的人再动听的语言只能是一时的欺骗。

亚里士多德曾说："当演说者的话令人相信的时候，他是凭他的性格来说服人，因为我们在任何事情上一般都更相信好人。"演讲者的道德品质、人格威信，是最有效的说服手段，所以演讲者必须具备聪慧、美德、善意等能够使听众觉得可信的品质。

个人的发展往往受局限，其实"局限"就是格局太小，为其所限。我们要掌握一些实现个人格局和智慧魅力的途径：

首先，格局不是先天性的东西，和你目前的人生环境也没有必然的联系，格局是一个人对自己人生坐标的定位，只要我们能够调整心态，就一定能够为自己建立一个大的格局。知识和技能是内力，合适的平台和丰厚的人脉是羽翼，如果你能够充分利用这一切资源，让自己的每一天都处于一个上升的状态，那么，未来的形成自身格局与大发展将不仅仅只是一个梦想。

其次，在生活中，任何一种行为都会直接或间接地与他人或社会发生关系，并受到一定社会规范的限制和协调，演讲也是如此。作为演讲主体的演讲者，更应以一个具有高尚道德水准的形象出现在公众面前，带头恪守社会道德规范。演讲者要具有职业道德，社会公德，伦理道德。

最后，格局和智慧大部分来自丰富的学识，不仅是"传道、授业、解惑"的需要，也是演讲成功的基本条件。古今中外的演讲家无一不是学识渊博的，他们之所以能旁征博引，妙语惊人，能把生动、具体、精彩的事例自如地组织到演讲中，是因为他们博览群书，知识宏富。在当今科技发展时代，各种科学高度分化和高度综合，演讲者如果不了解新知识，跟不上现代科学文化发展步伐，就不会充实、新鲜、生动地演讲。

二、狼王演说家的秘诀：大师级别的舞台风范

林肯曾经说过："我相信，我若是无话可说，就是经验再多，年龄再老，也不能免于难为情。"要进行成功的演讲，需要有成功的准备，否则未经准备即出现在听众面前，与未穿衣服一样。卡耐基也一再强调，只有有备而来的演说者才能获得自信和成功。如果没有准备，就像一个人上了战场，带着有故障的武器，并且身无弹药。任何演讲都需要做一定准备，长则数十年，短则数分钟。

无论是林肯还是卡耐基都是全球顶级的大师级别，他们呈现给观众外在的舞台风范也离不开台下事先良好的准备。更不要说一个普通的演讲者，想要表现出舞台上的那种潇洒自如的"范儿"，更离不开平时的不断练习和提升。

通常，我们在看明星在台上表演的时候，都会被舞台上那个人的一投足、一微笑深深地吸引，心里默默地说："好有范儿啊"，这个"范儿"，就是我们说的舞台风范。如何锻炼这种台风呢？

首先，初上台的几点注意事项。

出场：身板挺直，从侧面看上去要很柔和，走路重心放在脚后跟，头稍稍抬起来，要把自己想象成具有王者气，自信就出来了。

站姿：头正，双目平视，嘴唇微闭，下颔微收，面部平和自然。双肩放

松，稍向下沉，身体有向上的感觉，呼吸自然。躯干挺直，收腹，挺胸，立腰。男子站立时，双脚可分开，但不能超过肩宽。女子为丁字步。

拿麦克风：注意调整麦克风与嘴巴的距离，避免喷麦和炸麦。

坚毅而自信的目光扫视全场，末尾换成温柔目光，从左到右扫视，脸上带着微笑。想想刚才喊自己名字的声音分贝，用这个分贝再加大 2 倍向大家问好，鞠躬，注意分寸，微微鞠躬 30 度左右即可。剩下的，你要记住，你是全场的焦点，当大家注视幻灯片过久时，你要不断提醒，你才是焦点。你要高速运转大脑，让大家对你感兴趣，想想你向心仪的人求爱时，如果没有，想想你看见喜欢的人或一直想得到却没有得到的东西，对，就是这个表情。保持语气的坚定，抑扬顿挫，音量的控制，肢体语言的流畅，内容的互动，趣味性，生动性。还有，不要老盯着幻灯片，幻灯片是道具可有可无，你才是关键。全场保持挺直的脊梁和迷人的微笑。

其次，演讲过程中的手势和眼神。

眼神和手势是决定演讲者是否具有台风的关键因素，比如像乔布斯这样伟大的演说家比普通的演讲者与观众进行的眼神交流要多得多，大多数演讲者花了太多时间来逐字读出幻灯片上的文字。在现场演示的时候，平庸的演讲者会完全中断眼神交流。研究表明，人们往往把眼神交流和诚实、可靠、真诚、自信联系在一起。回避眼神交流的人经常被人们认为是缺乏自信和领导能力的体现。中断眼神交流必然会断开和观众的联系。

乔布斯几乎从来不会把双臂抱在胸前或者站在演讲台后面。他的姿势是开放的。一个开放的姿势表明他在自己和观众之间没有放置任何障碍物。在现场演示时，乔布斯坐的位置和电脑平行（侧面对着观众），这样他就能直接看见观众，观众也能直接看到他。乔布斯会用一个能够辅助语言的手势来强调他说的每一句话。

在演讲中不要把手放在身体的两侧，这样会让你看起来僵硬、过于呆板，坦白讲，有点怪怪的。杰出的演说家，会比普通演讲者更多地使用手势，而不是更少。关于这一点，甚至有研究支持这一结论。大家可以多看看那些大师级别的演讲家是如何在演讲中成功运用手势的。

最后，离场的注意事项。

演讲完毕退场时同样要向观众鞠躬致意，以示谢意。鞠躬后与上场前的走路一样，需要注意的是鞠躬的姿势，要表现真诚。

三、状态越自然，演讲越轻松

登台讲话不自然的人往往是不自信在作祟，说出来的话没底气，演讲也会受影响。

产品经理小许天生性格比较内向，不爱说话，人多了会脸红，甚至人多的时候一句完整的话都说不出来。从业 3 年站在台上战战兢兢，说话颤抖，双腿打摆子。在台下说话时的流畅、自信，瞬间荡然无存，自己也觉得丢脸，听众当然不舒服，甚至嘲笑他。于是他更加谨慎、苦恼。

推广经理小海非医学专业出身，兼做销售，在展开学术活动时很自信，但到了学术活动实践时，总觉得这样说不行，那样说也不行，自己别扭，客户不满意，等等。

以上诸类，都是气场比较薄弱的人常犯的错误，我们就会发现，自信和专业是很重要的。对自身仪表的自信，对自身专业知识的自信，以及会话技巧的自信需要在学术活动时全部表现出来。

能把话说得自然，就是一种自信的表现。

首先，声音要自然。

将自己投入到演讲中，集中全副心神对听众造成心理与感情的冲击。

音调的转变调节其实直接受我们精神和情绪状态的影响，同时你的声音状态也会影响听众的精神和情绪。

所以，一个成功的演说家要使自己的演讲对听众造成心理与感情上的冲击，就必须通过不断变化你的声音的方式，使你的表达更为生动、强劲，富于弹性。

（1）强调重要的要点，不重要的跳过去。

在日常谈话中，我们只对重要的字加强语气，对其他字则匆匆跳过去。对整个句子也是这么处理，使用一些重要的字突出。

（2）改变你的声调。

我们与人交谈时，声音由高到低，然后又一直高低地重复下去，像大海的表面那样起伏不定。为什么？没有人知道，也没有人关心。但这种方式令人感觉愉快，而且也是种很自然的方式。

（3）变化说话的速度。

小孩子说话的时候，或是我们平常与人交谈时，总是不停地改变我们说话的速度。这种方式令人愉快，自然，不会有奇怪的感觉，而且具有强调的作用。事实上，这还是把某项要点很突出地强调出来的最好方法。

（4）在要点前后要停顿一下。

林肯经常在谈话途中停顿。当他说到一项要点，而且希望听众在脑中留下极深刻的印象时，他会倾身向前，直接望着对方的眼睛，足足有一分钟之久，但却一句话也不说。这样突然而来的沉默，和突然而来的嘈杂声有相同的效果：能够吸引人们的注意力。这样做，使得每个人提高注意力、警觉起来，注意倾听对方下一句要说些什么。

其次，表情要自然。

演讲者保持微笑是一种无声的语言。如果内心紧张不笑也可以，不自然的笑肯定很难看。有人曾问古希腊最伟大的演说家德摩斯梯尼："对于一个演讲家，最重要的才能是什么？"德摩斯梯尼回答："表情。"又问："其次呢？""表情。""再次呢？""还是表情。"所以表情要自然真诚，发自内心，尽量保持日常生活中的自然性。既要有灵敏感和鲜明感，又要有真实感和艺术感，但不要刻意追求演员式的表情。

最后，体态要自然。

运用体态语言、动作要做到端正、高雅，符合生活美学的要求。人们听演讲，除了获得信息，受到启迪之外，也需要获得美的享受。演讲的体态要做到优美、恰如其分，符合人们的审美习惯。演讲者的手势贵在自然，自然才见感情的真实流露，自然才能真实地表情达意，才能给人以美感。优美自然的体态语言还必须符合演讲者的性别、年龄、经历、职业及性格等特征。

　　掌握了这三个基本的放松要领，那么演讲才会很轻松，如果短期内做不到这个程度，可以慢慢培养，任何一个境界的达成，都是一个渐进的过程。

第十六章 逢场巧应对，说话讲技巧

一、深奥的意思简单说，有些话不能说

演讲者面对的听众无数，要能快速让听众进入状态，或者说能让听众记住演讲的内容，靠的不仅仅是演讲者的舞台风范，更多的是演讲者的讲话技巧。是庄重严肃还是诙谐幽默，是专业术语还是平常家话，不同风格有不同的技巧和要求。把一个深奥的问题和观点用浅显易懂的话讲出来，才是真正的才华和智慧。比如，国学大师翟鸿燊在一次关于《如何理解沟通的多样性》演讲中是这样说的：

沟通的多样性，就是要跟各种各样的人打交道。因为人脉就是钱脉，关系就是实力，朋友是最大的生产力。一家企业营销做得好不好，看看它有多少终端客户以及开发终端客户的能力就知道了。同样，一个人的水准怎么样，看看他周围的朋友就知道了。因为绝大多数情况下，你的财富跟你最要好的朋友的平均值有关系。你想成为什么样的人，就要和什么样的人混在一起。同流才能交流，交流才能交心，交心才能交易。万丈红尘三杯酒，千秋大业一壶茶。你每天跟谁在一起喝酒、喝茶、聊天，那就是你的格局。你的财富和成就，不会大于你的思维格局。在21世纪，我们的事业、财富、成就，都取决于我们跟多少人发生关系，和什么人发生关系，以及发生关系的程度。所以我们要打开心胸，广交有利于生活、有利于事业的朋友。

　　翟鸿燊首先用"就是要跟各种各样的人打交道"这句话来点出要点，简洁明了。其次用"人脉就是钱脉，关系就是实力，朋友是最大的生产力"，"同流才能交流，交流才能交心，交心才能交易"这类格言式的警语论证多向沟通的重要性，言简意赅，寓意深刻。其中又穿插"一个人的水准怎么样，看看他周围的朋友就知道了"，"你想成为什么样的人，就要和什么样的人混在一起"，"你每天跟谁在一起喝酒、喝茶、聊天"，这样类似朋友聊天的大实话，话语直白，浅显易懂。

　　道理很深刻，用来阐述道理的语言和论据很浅显，这应该就是大师级别的演讲。让任何层次的朋友都能一听就懂，会心领悟。普通的演讲者还没有修炼到这种逢场会用不同语言技巧的能力。

　　不知道说什么更好，要知道说什么不好。

　　有一些话，在演讲的场合是一定不能说的。比如：

　　（1）一上台，很多人拿着话筒一边轻拍，一边说："你们能听到我说话吗？喂，喂。"这是很多人开始讲话的方式。检查音频设备并不是你的责任，有专门的人负责（如果没有，那么你要提前测试音量）。但是如果你确实对着麦克风说话，并觉得麦克风不好使，这时你要放松，数三个数，然后再试一次。如果你仍然认为声音不好使，镇定地走到舞台的边缘，小心地让工作人员帮你检查。上来就对着话筒喂、喂个不停，绝对不是一个好的演讲者应该有的讲话方式。

　　（2）有些演讲者不知是故意卖关子还是提前有意安排，经常会在关键处说一句："我一会儿再说那个问题。"如果你碰巧碰到一个渴望学习和互动的观众，你要抓住这个机会，享受它。如果有人的问题是你在接下来的幻灯片里要解决的，那么就马上直接跳到那一页。如果有人敢于举手问你问题，你要表扬他们并且邀请其他的观众做同样的事情。永远不要延迟任何事情。你一会儿再说，听众到你一会儿以后思维早已被打乱，全然没有了刚接触那个观点时的急切。

　　（3）还有一类情况，演讲者把自己定位成了讲台上的老师，下面坐着的观众变成了学生。不经意就会犯一种错，会指着幻灯片上的文字问观众：

"你们能读这个吗？或者让我为你们大声读一下？"

永远都不要在幻灯片里加入太多人们会花时间阅读的文本。如果你加入太多文本，一定要保证不为他们大声读。失去观众的最佳方法就是在幻灯片中加入文本。人们开始阅读的时候会发生什么事情呢？他们就不会再听你说话了。在幻灯片中只使用短标题，并且要记住你想让观众阅读的文本。而且，要视观众的年龄来确定幻灯片中的字体大小。

（4）以前演讲之前一般会嘱咐听众关掉手机或把通信设备调成静音，现在的情况已经完全不同。现在人们随时都会把演讲者说得好的引语发布到微博上或者在他们的平板电脑上做笔记。

（5）演讲者可以让观众把他们的手机调成静音模式，但是除此之外，你还要确保你的讲话非常振奋人心，听众不想错过每一秒，这样他们才会关掉笔记本电脑。要求注意不好使，相反要获得关注。

（6）在演讲现场观众往往看到、听到好的愿意拍照或录音，如果没有特殊规定大可不必对大家说："你们不要拍照或录像，稍后演示文稿会发布在网上"，对于很多人来说，留个照片或录音是他们记录听到的内容的一种简单方法。简言之，在你做演示的过程中，允许人们做他们想做的事情。

记住，深奥的事实简单说，有些没必要说的话不要说，演讲至少取得了一半的成功。

二、分析一个事例，对应一个观点

演讲，新颖的观点固然很能吸引人，但要服人，还需要通过精当的材料和事例予以阐释论证，论证过后还要分析所选事例，才能达到晓之以理，让听众欣然接受的目的。

有一次听同行讲了一个关于《职场规划》的演讲，他举的例子是这样的：

小崔大学毕业，有两份工作可选。一是广州的一家公司，月薪3500元；二是深圳的一家企业，月薪2000元。毫无疑问，小崔选择了前者。期间，他曾长时间是个小职员，随后参加了研究生考试。拿到学位后，小崔在另一家公司做了人力资源经理，月薪1万元，公司还为他提供了两室一厅的住房。听上去，还行吧？

而小崔的高中同学小王在小崔前一年选了深圳那家企业，当时还处于亏损状态，但他不发怨言，把心思都集中到工作上。小王的学历不高，只是一个中专毕业生。他从普通业务员做到销售主管，八年的经验让他对公司产品了若指掌。而他的公司也经过改革、发力、上市，全线飙升，他的年薪在20万元以上。

这样巨大的差异是不是个人能力造成的呢？当然不是。因为一个企业内部的机遇是局外人不能想象的。但身为组织中的一员，只要你有一定的能力，后续的职位、薪酬增长也会是爆发性的。也就是说，只有所在企业有发展，个人才可能随之发展，这对抢占并牢固捍卫自己的一席之地，更占先机。

演讲者将两个求职的事例进行对比：一方待遇优厚，一方薪资微薄；一个是盈利公司，一个是亏损企业；一个暂且安稳，一个潜力巨大。几年之后，彼此差距有了天壤之别。这番比较，通俗易懂；两人的不同选择，不同结果启示听众不要只图眼前的利益而草率决定。选择一个适合自己的行业与组织，为自己做好一个长远的职场生涯规划才是要义。我听完这场演讲以后学到的是演讲中不但要列举与观点相符的事实和论据，更要对这个事例进行分析，才能让听众更好地掌握演讲的精华。

刘墉的演讲特点就是不但常有新颖的观点，而且还善于撷取自身亲历的真实鲜活的事例，作为自己的演讲素材，从而使他要表达的新观点引人入胜，让人心领神会。如在题为"礼多被人怪"的演讲中，他这样讲道：

我有个美国学生，有一天突然打电话来，说她需要一支狼毫毛笔，外面找不到好的，想跟我买。我说没问题，不但找了一支不错的狼毫笔，还翻出一支很好的羊毫笔。没过多久她来了，问多少钱。我说：笑话！这么深的交情了！送你的！

各位可以想象，那美国学生，一定会作出很惊喜的样子，因为我等于送了她一百多美元的礼物。可时隔半年，有个中国学生对我说，那个美国学生又托她去中国城找毛笔。我说，奇怪了！她明明知道我多得是，为什么不来找我呢？

中国学生笑了，说："她说了！因为您不要她的钱，她不能再找您。"然后，那中国学生又说："教授啊！您不知道吗？有时候美国人要跟您买，您不卖，送他。他们会觉得您是暗示他，您不愿意卖。"

我不知道那美国学生后来有没有找到合用的毛笔。但我一直想：显然自己做错了！因为我对她太有人情味，反而可能影响了我们的交往，搞不好，她一直找不到好用的毛笔，到后来，连水墨画都放弃了！

说完这个真实故事，我要说，今天有千千万万远道来的外国客人，我们要热情待客，但千万别用热情把他们吓倒。其实，不仅对外国人，也包括我们周围的人，固然都要待之以礼，但这礼貌的礼，也是合理的理。

刘墉选用自己送美国学生毛笔的真实交往事例，既具体又深刻地说明了：与人交往，要热情以礼相待，然而如果太过热情，讲究礼节超出了"合理"限度，反而可能会把他们吓到，影响交往。这种以事实论述观点既让人欣然接受，又感觉很形象适合。

所以，演讲中提出的观点一定要用事实去论证，既要事实还要有分析。

第十七章　演说稿不要"写"，要"设计"

一、给听众观念之前，要塑造这个观念的价值

每个人都可以列出一个观点或观念，但真正有价值的观念才可以让演讲者在演讲的过程中说服听众。因为，每个听演讲的人或多或少都是抱着一种心态"我听这场演讲能得到多少好处？我花了时间在听别人传达思想的时候能收获什么有价值的东西"。如果演讲者在制作演讲稿之前就能想到"价值"的核心，就会有针对性地去设计自己的演讲稿。当听众在你身上感到听演讲有价值、有效果的时候，反而更容易接受你的观点，从而变成你的粉丝和追随者。

演讲需要共鸣，演讲家需要掌声，这无可厚非，但真正的共鸣和掌声，是需要思想智慧、真情睿语去激发的。不能引发听众思考的演讲等于零，最震撼心灵的演讲不需要掌声。演讲的标准应该是能否引发听众思考。也就是说，在演讲主题正确的前提下，能为听众"解渴"、对听众"有用"，这样的演讲才是好演讲。

当你站在讲台上的时候，就要时时提醒自己：我今天会不会让听众满载而归？只有把重点放在听众身上，而不是放在自己身上，让听众深受其益，你的演讲才会越来越精彩！

要想做一场精彩的演讲，就要把重心放在听众身上。有一位已经辞世的卡耐基讲师摩高，曾经分享了一个宝贵的经验，他说：

我在年轻、刚当讲师时，每次上完课，学员离开之后，我就会立刻跑去问坐在教室后端的资深讲师："我今天表现如何？"问了几次，这位资深讲师对他说："当你什么时候开始问，今天晚上学员得到了多少益处？学员有什么改变？而不只关心自己表现得好不好，你才能真正算得上是一个有经验的讲师。"

这个经验意在告诉演讲者，如果只注意自己能够得到多少注目、能不能享受到热烈的掌声，是永远也不能成为一个成功的演讲者的。因为，演讲的真正目的，并不是让演讲者感到有成就感，而是让所有的听众觉得自己受益良多。

让听众获益，这一点至关重要，听众没有从中获得什么价值，这在商业演讲里面会非常失败，有太多朋友喜欢谈优势、特色、自己产品核心竞争力、团队怎么好、品牌怎么大，这些都是演讲者的语言，演讲者的思维，但这些并不是听众想听的。要抓住听众的心，听众要的是价值、获益，所以成功的演讲者要做一个左脑和右脑的翻译工作，跳到听众头脑来思考问题，所以很多初学者有很多的内心对话，常见的内心对话是，这演讲对我意味着什么，你说了这么多关我什么事？如果出现这样的情况，这可能比讲不清一个观点更可怕。

使观众获益还得从感性和理性两方面入手，演讲既需要感性部分也需要理性，要打动观众就要感性，让观众记住，那就得有很强的条理性。

有一次我作为嘉宾出席活动，一个很成功企业家，大家很期待他的演讲，但他演讲那天给下面听众的是个很大的减分，如果说对他的崇拜是 120 分，演讲后非但没有加分，还减了很多分数。他是典型的即兴演讲者，他更多的是分享而不是演讲，我问旁边的人他的演讲一直是这样吗？其实不是，之前演讲不是这样的。所以演讲的条理是非常重要的，演讲的内容从这个点一下又说到另一个点上，像脚踩西瓜皮，踩到哪里滑到哪里。没有好的条理性，演讲的水平就不稳定，这次好下次就很难说，这就是即兴分享的弊端，也是一个演讲者要不断去提高自己的部分。既要会用感情思维打动听众，又要会用理性思维让自己的观点条理清晰。

二、先有听众想听的欲望，再用演说实现渴望

一个成功的小说或故事好看的原因在哪儿呢？就是能吊足读者的胃口，让读者总有一口气往下读的欲望。成功的小说如此，成功的演讲也如此。

在演讲稿的设计上，首先要考虑听众想听什么，然后根据他们被激发起的欲望用演讲的观点去实现。

演讲对一个人的重要性是因为它可以提升你的业绩，可以增进你的夫妻感情，可以让你的孩子愿意和你做朋友，与你分享学业、生活上的困扰，可以增加你的亲子关系，增强与同事之间的关系，更好地配合你的事业，以至于实现公司的利润等。如果演讲者留意就会发现，听众的身份决定了听众想要的利益，不同的听众对同一个产品、同一个事物的利益点、价值点是不同的。所以在进行产品路演的时候，要非常巧妙地做些准备，我的受众是谁，他的需求是什么，核心不是产品多么好，而完全是站在听众当下身份的利益点、价值点去巧妙设计一些吊胃口的语言或场景。

如果你已经是一个非常优秀的演讲高手，在你的脑海里面已经有很多相关的源码。或者你本身是某方面的专家，而今天讲的主题就是非常熟悉并且天天讲的内容，那么只需要列好提纲就可以了。注意，不是不写演讲稿，而是写的比较简单，只要列提纲就可以了。并且每一次演讲，最好都要重新梳理演讲的提纲。

比如用以下几个句子来跟听众沟通就是激发听众欲望的好提纲：

（1）这对您很重要，因为……（补充听众的利益）。

（2）这对您意味着什么呢？（紧接着从听众的立场解释）。

（3）为什么我和您说这些呢？（同理心，说出听众心中的道理）。

（4）谁在乎呢？（"您应该在乎，因为……"）。

（5）那又怎样？（说出结果）。

（6）还有就是……（说出听众的利益）。

有一个吊听众胃口极好的案例：

美国有个倒卖香烟的商人到法国去做生意。一天，在巴黎的一个集市上他大谈特谈抽烟的好处。突然，从听众中走出一位老人，径直走到台前，那位商人吃了一惊。

老人在台上站定后，便大声说道："女士们，先生们，对于抽烟的好处，除了这位先生讲的以外，还有三大好处呢！"

美国商人一听这话，连向老人道谢："谢谢您了，老先生，看您相貌不凡，肯定是位学识渊博的老人，那就请您把抽烟的三大好处当众讲讲吧！"

老人微微一笑，说道："第一，狗害怕抽烟的人，一见就逃。"台下一片轰动，商人暗暗高兴。"第二，小偷不敢去偷抽烟者的东西。"台下连连称奇，商人更加高兴。"第三，抽烟者永远不老。"台下听众惊作一团。商人更加喜不自禁。要求解释的声音一浪高过一浪。

老人把手一摆，说："请安静，我给大家解释。"

商人格外振奋地说："老先生，那就请您快讲。"

"第一，抽烟人驼背的多，狗一见到他以为是在弯腰捡石头打它呢，能不害怕吗？"台下笑出了声，商人吓了一跳。

"第二，抽烟的人夜里爱咳嗽，小偷以为他没睡着，所以不敢去偷。"台下一阵大笑，商人大汗直冒。

"第三，抽烟人很少长命，所以没有机会衰老。"台下哄堂大笑。此时，大家一看，商人已不知什么时候溜走了。

聪明的老者把故事讲得一波三折，层层推进，一步一步把听众的思维推向迷惑不解的境地，在把听众的胃口吊得足够"馋"时，才不慌不忙地表达出自己的意思。

演讲高手的修炼就要向这位老人学习，既要会讲故事，又要能激发听众的欲望，这样一来，不用担心听众会分心、打呼噜。

第十八章　最省力的演讲，就是讲个好故事

一、用故事服务主体内容

古今中外，没有人拒绝故事。不过用故事做开场白最好不要太长，也不要太复杂，要与演讲的主体内容"无缝对接"。

有一次，演讲关于《用行动实现理想》我想起了一则由客户曾给我讲过的故事：

公司开大会，年轻员工总爱抢后排座位玩手机。来气时，他开场就先骂一通。结果台上怒发冲天，台下纹丝不动。有一天，我们就开场白做了一次讨论和练习。一个月后，老总进行了新的尝试："这个现象我发现很久了，只要开会，大家都爱抢后排的'宝座'，抢到的都是武林高手啊（笑声）！坐后排或许是我们的习惯或本能。我从小在农村长大，曾经也是这样的高手（笑声）。我的父亲拿着棍棒给我立下规矩：不管做什么事情都要力争一流，永远做在别人前头，不能落后他人。'就是坐公共汽车，你也要永远坐在前排！'老爸的这句话让我记了一辈子。后来我做每一件事情，都用行动实践着'永远坐在前排'。"（全场安静）接着他提高声调："在这个世界上，想坐前排的人不少，真正能够坐在'前排'的却总是不多。很多人之所以不能坐到'前排'，就是因为他们把'坐在前排'只是当成一种人生理想，而没

有采取具体行动……"

当时用了这个故事，与我要演讲的主题《用行动实现理想》很对题，演说取得了很好的效果。

在演讲中，常常需要一些典型事例来服务主题。这时，演讲者不妨联系自身实际，从中整理出有价值的内容。而且要像我上面提到过的，一个故事对应一个主题，主题太多，往往会分散听众的注意力。一个大全类的书，是绝对不可能畅销的，一个论点偏激是没有关系的，更重要的是从某一个方面说某一个道理，说明白就行，不求严密、谨慎，只求对题。

演讲中一定要避免使用宽泛的号召语句，这样虽然不犯错误，但大部分听众还是不知所措，不知如何行动。比如，让大家小心驾驶，大家不会明白，怎样才算是小心了；你说驾车时不要打手机，大家不会明白，开车打手机会怎样……只有具体的案例，号召才是有力的。这些案例用故事说出来，听众不但印象深刻，还更能听懂主题要义。

搜罗与演讲内容匹配的故事固然是演讲成功的必备要素，但选什么事例、选多少则必须根据演讲主题、观点需要而定。不必多选，也不可少选。多选常常给人以事例堆砌、讲解故事之感；没有事例则又给人缺乏说服力之感。成功演讲所选事例要具有"典型性"：一方面，选用事例必须同阐述观点紧密相连，必须能说明问题，不能说明问题的事例，绝不可牵强附会，否则适得其反。另一方面，引用的事例必须具有代表性、时代性，偶发的事例不能作为本质认识的依据。为此，选例的典型性就在于"精"、"实"、"新"，同时，所选之例应能感动人、吸引人、折服人。有一位老师在演讲《人生需要选准角色》时列举了两个例子：

1952 年 11 月 9 日，以色列总统逝世，爱因斯坦接到以色列总理的信，希望他成为总统候选人。爱因斯坦被这样的好意感动了，但他最终还是谢绝了。因为对他来说物理更重要！

年轻时的奥黛丽·赫本想当芭蕾舞演员，可惜她并不适合。她的老师甚至直言："就算你奋斗二十年，也当不了主角。"赫本听取了舞蹈老师的意见，及时调整了目标，开始涉足电影。当《罗马假日》、《窈窕淑女》等电影巨作问世时,赫本成了影坛上耀眼的明星。

爱因斯坦虽然有机会当上总统,但他知道物理学家才是他最好的角色;奥黛丽·赫本不适合芭蕾舞台而及时调整方向,结果站对了位置,成就了自己。其实,像爱因斯坦、赫本这样的名人、明星,还可以无限地罗列。虽然他们所在的领域不同,但他们的成功秘诀却相似,那就是在人生的坐标系里,没有横冲直撞,而是选准自己的角色,定好自己的位置,然后心无旁骛地把手头的事做实、做细、做精。

两个事例都很切旨、很典型。

演讲就是会讲故事,选故事的标准就是要为演讲的内容服务。如果偏题、跑题就会适得其反,演讲者在这方面要多加注意。

二、新故事更有吸引力

演讲中的故事要具有典型性,要与演讲内容相匹配,更要新颖、独特。一个好故事被说得人尽皆知有时候用在演讲中不一定能出彩,只有新的故事,别人没听过的故事,出彩机率反而更大。

有一个演讲者在给企业员工做演讲《工作与放松》时,选用了刘墉先生一个"热狗冷猫"的故事:

一家建筑物的墙上,挂了幅保护动物协会印制的大海报,上面印着一条狗和一只猫,标题写得很妙——"热狗冷猫"。每次经过,刘墉先生都会欣赏一下,觉得很有意思。

后来他越揣摩越有感触,"热狗"和"冷猫"不是也可以形容人吗?有一种人特别热情,一天到晚追着朋友玩耍,跑前跑后、大呼小叫,像是热情的狗。另一种人我行我素,有他自己的计划、自己的主张,不管别人欣赏不欣赏,就是执意去做自己的工作。不正像说来就来、说走就走的"冷猫"吗?

于是，他给自己取了个外号，叫"热狗冷猫"，他是一个爱动也爱静，能玩也能认真工作的"热狗冷猫"。

他说，一个成功的作家，一定都是"热狗冷猫"。想想！一位作家如果写作的时候不专心，怎么能写出好文章？相反地，整天创作，却不接触外界，又怎能有丰富的灵感？于是你可以想象在田里跟农夫一起割麦子的托尔斯泰；在海滩为老婆撑伞、跟孩子玩耍的毕加索；到非洲打猎、古巴冲浪的海明威；经常游泳、长跑甚至打拳的萧伯纳；还有那位总是参加宴会，而且以开玩笑著称的马克·吐温。

不仅是作家，其他职业也是这样，要想获得成功，就要既会尽情玩耍，又会专心工作。请问：你是"热狗"，还是"冷猫"？或是既能玩，又知道适可而止，收心工作的"热狗冷猫"？

刘墉先生的故事就很风趣又新颖，从作家扩展到其他行业的人们，如果想成功，必须既要会尽情玩耍，又要会专心工作。既不能在工作中心不在焉，又不能在放松时惦记工作，这样既玩得不痛快，工作又做得不专心。在场的听众听了这个故事，对这次演讲留下了深刻印象，以至于在后来我跟他们企业老板沟通时，他说好多员工平时都开始用"热狗"、"冷猫"互相打趣，都认识到工作中要像"热狗"一样，该放松时就要像"冷猫"，而不是互相颠倒。

可见，一个故事运用得当，对于演讲主题的阐述能起到很大的作用，不但吸引听众，还能让听众把故事口口相传。

有一次，著名作家王蒙先生到上海某大学演讲，一开场就说："由于我这几天身体不太好，感冒咳嗽，不大能说话，还请大家谅解。不过，我想这也不一定是坏事，这是在时刻提醒我多做事少说话……"

演讲者如果没有特别的新颖故事，只能说客套话，那么应该像王蒙先生一样，说出新意来，并让客套话成为演讲中不可缺少的一部分内容。毫无意义的客套话实则是老套话，没有新意的故事就是老掉牙，演讲者就别拿那些老掉牙的"老故事"为难听众了。

演讲者使用的不外乎以下三类故事：第一类是直接与谈话或演讲主题相

关的个人故事；第二类是关于其他人的故事，这些人的经历能让观众产生共鸣；第三类是关于产品或品牌的成功或失败的故事。

附：如何运用"一二三四五"法则？

演讲中讲故事也要运用"一二三四五"法则：

一、就是一定要讲故事，每个小节讲 1~3 个故事，演讲就是讲故事，故事一定要震撼，让听众发出赞叹的声音。

二、讲故事要注重故事要点：有一个别人的故事，有一个自己的故事。别人的故事可以扩大听众的想象力，自己的故事则是最感人的。

三、"黄金三点论"是演讲时最常用的一种方法，是一套快速地把一些理念整理出一套逻辑的技巧，可使文字表达方面清晰、有条理，同时框架组织性强。比如：

时间：过去、现在、未来；初期、中期、后期；第一个十年、第二个十年、第三个十年。

地点：大陆、香港、台湾；家中、公司、市场；上、中、下等。

人物：自己、对方、第三者；买方、卖方、中间人；上司、自己、下级等。

其他方面：结果、因素、现象；生理、心理、情绪；准备、执行、检讨等。

所谓三点论，就是我们在表达某项见解时，只讲三点，而且快速构思出三点来表达。

事实上，如果我们只讲一点两点，有时显示出我们可能水平不够；而我们如果讲四点以上，听众也很难记得清晰。实践表明：只讲三点效果最好。

四、讲故事四个要点：

(1) 故事对应主题；

（2）故事新颖；

（3）不讲经不起推敲的胡编乱造的故事；

（4）讲故事后，要善于分析故事。

五、演讲故事的五大分类：

（1）讲名人的故事；

（2）讲自己的故事；

（3）讲寓言故事；

（4）讲社会热点故事；

（5）讲知名企业的故事。

第四部分

勤修苦练：演说的魅力与素养成正比

第十九章 爱说才能会说，
会说才能演说

一、让兴趣带你渐入佳境

兴趣是一种无形的动力，当我们对某件事情或某项活动感兴趣时，就会很投入，而且印象深刻。例如，对画画感兴趣的人，对各种油画、美展、摄影都会认真观赏、评点，对好的作品进行收藏、模仿；对收藏感兴趣的人，会想尽办法对自己感兴趣有价值的藏品进行学习、研究，跟人交流心得体会。演讲也是，如果想成为一个成功的演说家，首先要爱上演讲。

一旦爱上演讲，就会寻找与演讲相关的学习资料和提高途径，让自己在演讲的路上不断提高。德国央行首席经济学家兰斯伯格对她女儿说："你一定要在你有兴趣的领域发展，在你没有兴趣的领域，和那些真正有兴趣的人竞争，你怎么比得过人家？"

演讲家莱斯·布朗先生，如今的演讲酬金是每小时 2 万美元。当有人问起他成功的秘诀时，他指了指左耳上的一个厚茧，语重心长地说："我初涉演讲界时，一没名气，二没资历，更缺乏个人魅力和经验。可我非常喜欢演讲，决心要在这个行业里干出点儿名堂来，不达目的决不罢休。于是，我一天到晚给人打电话，求教演讲技能，联系演讲业务。成名初期，我每天至少要打 100 多个电话，让别人给我提供到他们那里演讲的机会……这个老茧是我获得成功的见证和记录，值几百万美元啊。"

莱斯·布朗先生之所以能让他的演讲产生巨大的价值，是兴趣带他不断提高。最开始接触演讲，我发现自己喜欢演讲，一种想与人分享的强大动力促使我不断提高口才，虽离大师的境界还尚需努力，但我相信兴趣一定会带我渐入佳境。要想真正发挥人的潜力，只有关注到个人的能力及工作的主动性，而兴趣就可以创造能力、创造这种主动性。演讲不是个别人的专利，人人都会演讲，生下来就会演讲，天天都在演讲。不知怎么讲却敢于站出来讲的人，比知道怎么讲却不敢站出来讲的人强一百倍！这种敢于站出来面对公众发表演说的人，第一是勇气，第二还是对演说有极大的兴趣。否则，第一次演讲不好就会失去信心，只有对演讲热爱才会不断地磨炼、克服紧张、学会面对，慢慢达到从容应对。

美国总统林肯，第一次演讲的时候，就好像有个棉花堵住了嗓子，脸色铁青，不知道手往哪儿放。但是林肯知道演讲的魅力，也是一个喜欢演讲的人，于是在乡村路上，只要一见到树桩、高粱地，就会对着它们演讲。结果，经过长期的苦练，林肯终于成了世界上有名的演讲家、雄辩家、交谈家。

参加葛底斯堡演讲的时候，在三分钟的时间里，林肯只说了十句话，竟使1500多人流了眼泪。今天，这篇演讲已经铸成经文，放在了英国的牛津大学里，作为英文演讲的典范。

每一个演讲大师在成为大师之前，都有过上台不敢发声，第一次演讲失败或不如意的经历，之所以能不断练习达到更好的演讲水平，凭的就是对演讲的兴趣和热爱。

古希腊著名演讲家戴摩西尼也是一个酷爱演讲的人，年轻的时候为了提高自己的演讲能力，一个人躲在一个地下室练习口才。开始的时候由于耐不住寂寞，他时不时就会出来溜达溜达，心总也静不下来，练习的效果很差。

无奈之下，戴摩西尼下定决心，挥动剪刀将自己的头发剪去了一半，变成了一个怪模怪样的"阴阳头"。因为头发羞于见人，他只好彻底打消了出去玩的念头，一心一意地练起口才来，自己的演讲水平也获得了突飞猛进的发展。正是凭着这种专心执著的精神，戴摩西尼终于成了世界闻名的大演讲家。

做喜欢的工作，面临挫折和困境时，你会少一份抱怨，多一份解决问题的决心和勇气。演讲既考验人的智商和情商，更检验一个人是否真的热爱这个行业，如果真的有兴趣，就会对演讲情有独钟，能做到在演讲路上遇困难不妥协，遇挫折不放弃。内心抱定一种非把演讲讲好不可的决心，每个人都会从演讲路上的小白成为指日可待的大师。

二、感兴趣了，就会主动钻研

兴趣是一个人迈进一个领域的前提，而要在这个领域达到精良需要不断钻研。孔子说："知之者不如好之者，好之者不如乐之者。"兴趣是最好的老师，当对一个科目感兴趣时，你就会认真地去钻研这一科目，所以当我们有了浓厚的学习兴趣时，就会主动学习。

德摩斯梯尼天生口吃，嗓音微弱，还有耸肩的坏习惯。在常人看来，他似乎没有一点当演讲家的天赋，因为在当时的雅典，一名出色的演讲家必须声音洪亮，发音清晰，姿势优美，富有辩才。

为了成为卓越的政治演讲家，德摩斯梯尼付出了超过常人几倍的努力，进行了异常刻苦的学习和训练。为了改进发音，他把小石子含在嘴里朗读，迎着大风和波涛讲话；为了去掉气短的毛病，他一边在陡峭的山路上攀登，一边不停地吟诗；为了改掉说话耸肩的坏习惯，他会在头顶上悬挂一柄剑，或悬挂一把铁锤……

德摩斯梯尼不仅对自己的发音进行了练习，还努力提高了自己的政治、文学修养。他研究古希腊的诗歌、神话，背诵优秀的悲剧和喜剧，探讨著名历史学家的文体和风格。柏拉图是当时公认的独具风格的演讲大师，每次演讲的时候德摩斯梯尼都要前去聆听，并用心琢磨大师的演讲技巧……

经过十多年的磨炼，德摩斯梯尼终于成了一位出色的演讲家，他的著名政治演讲为他赢得了不朽的声誉，他的演讲词结集出版，成为古代雄辩术的典范，打动了千千万万个读者。

有人曾对成功人士进行了一次调查，结果表明，他们之中94%以上的人都从事着自己喜爱的工作，并且为了这份喜欢努力钻研。换句话说，工作的基础是喜好和兴趣，一个对工作没有兴趣的人，不管如何努力都不会有优越的表现。

成功与钻研是密不可分的，如果想获得成功就必须通过钻研和努力。俗话说得好："一分耕耘，一分收获。"没有辛勤的付出哪能有成功的源泉。成功的路上无捷径，只有刻苦钻研才是成功的源泉。

三、兴趣是成就狼王演说家的恒久动力

要想对演讲有兴趣，就要全面认识一下演讲，认识一下演讲的好处。比如：锻炼自己的胆量；培养自己良好的心理素质；培养自己的语言表达能力，锻炼自己的口才；培养自己的沟通能力；培养自己的逻辑思维能力以及通过演说把自己的思想价值传递给更多的人，通过销售演讲达到更多的产品交易量，增加更多的潜在客户。想到演讲可以给我们带来很多实实在在的好处，怎么会不爱上演讲？一旦爱上演讲，就会产生一种动力，让自己变得更优秀，讲得更好，能帮助更多的人，或为更多的企业和商品去服务。

演讲，曾经很辉煌，也被冷落过很多年，如今电视里，媒体中，对演讲又开始重新认识，给演说重披光鲜的外衣。说明演说是一个亘古不变的真理，想要获得成功，离不开演说。企业家中擅长演讲的除了马云，还有冯仑、俞敏洪、任志强等，而易中天、于丹这样的文化明星，更是因为演讲成为公众人物。

兴趣让演说出彩，兴趣是成为优秀演说家的驱动力，它是成功的种子，是一个人做事的原动力，靠别人打鸡血不可能长远和成功。因为有了兴趣，所以挫折就不再是挫折，痛苦也不再成为痛苦，这一切都成为了追求兴趣路

上的美好体验，成为了一种享受。如果一个人是因为兴趣而去做一件事，那就没有失败，因为是顺应自己身心对美好事物的向往，这本身就是一件很惬意的事，成功只不过是对坚持这种行为的一个小小奖励。

有一个和尚，决定要到南海去，但他身无分文况且路途遥远，交通又极不方便。但他没有被这些困难所困扰，他只有一个信念，我一定要到南海去。于是便沿途化缘、一步一步往南海的方向迈进。路过一个村庄化缘时，他碰到一个比较有钱的人家。当看到这个和尚化缘时，有钱人便问他："你化缘干什么？"和尚坚定地回答："我要去南海！"有钱人不由哈哈大笑起来。"凭你也想到南海，我想到南海的念头已经有好几年了，但还一直没有准备充分。像你这样贫穷的人，还没到南海，就是不累死也会饿死了。还是趁早找个寺庙安稳度日吧！"和尚不为所动，固执地说："我一定要赶到南海。"几年以后，当和尚从南海返回的途中又到这个有钱人家里化缘时，这个富人还在准备他的南海之行。

所谓"千金难买我愿意"，搞清楚你自己想要什么，在演说的路上想达到什么样的程度与结果，像故事中的和尚一样，用兴趣选择了演说这个行业，抱定一个必能成为狼王演说家的信念，一定能达到自己心目中的"南海"。

第二十章　让动作去演说，而不单用嘴

一、动作比语言更具冲击力

　　演讲是一种综合能力的展现，要在不长的时间里把所要表达的思想传达给听众并触动听众的心灵，是一件难度很大的事。演讲者除了应具有深厚的文化底蕴、良好的心理素质和标准的普通话水平外，还要能辅以适当的肢体语言以便更好地传情达意。

　　心理学家有一个有趣的公式：一条信息的表达 =7％的语言 +38％的声音 +55％的肢体动作。这表明人们获得的信息大部分来自视觉印象，而视觉信息55％来自肢体语言。因而美国心理学家艾德华·霍尔曾十分肯定地说："无声语言所显示的意义要比有声语言多得多。"肢体语言是一种无声的语言。通过一个人的手势、肢体动作我们可以了解到他的思想意识、情绪变化等，从演讲者出场到演讲再到致谢结束，以及演讲的整个过程中，肢体语言往往比有声语言更真实可信。肢体语言独特的有形性、可视性和直接性，对于演讲者来说，具有不可低估的特殊价值。良好的肢体语言表达能力，通过专业的训练可以得到提高和加强，对演讲者来说也是一个十分重要的能力。

　　演说者刚开始常犯几种错误：

　　（1）没有肢体动作。很多同学演讲时没有运用肢体动作的意识，或者不知道该怎么运用肢体动作，或者知道一些简单的运用但是一旦站上讲台之后就忘了肢体动作的表达。

（2）肢体打不开。有些同学在演讲时也在运用一些基本的肢体动作，但是可能因为性格或者紧张等原因，肢体动作的幅度和力度都很拘谨，没有打开，这当然不能真正地发挥肢体动作应有的作用。有时甚至反而让自己的演讲效果打折，因为这会转移听众的关注焦点，他们不是听你讲什么，而是在想"哎呀，这人看起来好不自然"或者"哇，这人好紧张"。

（3）肢体意思与内容意思、情感情绪不一致。肢体动作的方向、幅度大小以及形状等要素综合起来，可以向听众传递相应的意思和情感情绪。但若在演讲中，你肢体动作的意思和你演讲内容和声音表达的不一致的话，就会让听众难以理解你真正的表达意图，你的感染力也会因此而大打折扣。

芝加哥大学的戴维·麦克尼尔博士以他对手势孜孜不倦的研究而闻名。自从1980年以来，这个研究领域一直是他的激情所在。他的研究表明，手势和语言是紧密联系的。事实上，对于手势的使用能够让思维过程更加清晰，从而让演讲者讲得更好。他说，刻意不使用手势反而需要全神贯注的努力。麦克尼尔已经发现，受过严格训练、激情而自信的思想家使用手势能反映出思维的清晰程度，手势就像一扇窗，透过这扇窗你能看见他们思维的过程。

运用手势要注意以下几点：

（1）演讲者的手势从来不是单独进行的，他的一举一式，总是和声音、姿态、表情等密切配合进行的。演讲以讲为主，以演为辅，没有动作的演讲只能叫讲话而已，但动作要和演讲者的体态协调才美。

（2）手势的起落应和话音的出没是同时的、同步的，不可互为先后。如果话说出去了，手势还没有做；或话已讲完，手势还在继续，不仅失去了它的意义，而且也使听众感到滑稽可笑。手势与感情协调。

（3）演讲中感情激昂时手的幅度、力度可大，反之则小一点，手势幅度和感情是成正比的。

美国《侨报》报道，布什是一位很有特色的总统，他演讲时的手势特别多，讲个话手比来比去。布什在讲话时甚至还有指挥的架势，没错，布什曾客串过音乐指挥。即使经常说错字，布什也毫不受干扰，照样比手画脚，紧紧抓住群众的注意力。媒体评论说，布什的手势，总能贴切地诠释文字。在记者会的每次发言，布什超级多的手势，让气氛从不冷场，语言专家对这一现象做了剖析。肢体语言专家派蒂伍德表示，"这是象征性的身体语言，当你说话时，姿势也代表了说话的内容"。像是布什说到死对头伊朗总统内贾德，手指是一路往下指。肢体语言专家派蒂伍德认为，当手指指向某处，表示要对其施压。布什丰富的手势，让他的谈话显得活力十足。

每个演讲者都有自己独特的手势语，布什是，乔布斯是，马云也是。我们普通的演讲者也应该形成自己的手势风格，还要遵循以下几点：

（1）所有的动作保持自然。不管是要作何种演讲手势，都要记得所有的动作都保持自然、舒适，这样看起来更自然更自信。

（2）不要把手插在口袋里。当不想运用任何演讲手势的时候，也不要总是把手插在口袋里，这样看起来很看不起观众，可以把双臂保持自然下垂，同时可以放松情绪。

（3）不要用食指指着观众。我们演讲的时候，可以用食指指着任何的假想物体，但记得不要用食指指着观众，这是对观众不尊重的一种体现。

（4）不要把手攥成拳头。有些演讲者很习惯把手攥成拳头，认为这样是很有气势的演讲手势，殊不知如此会令观众感觉演讲者情绪很不稳定。

二、优雅的动作是无声的语言

古语说的"站有站相，坐有坐相"，道理虽然非常简单，但是却蕴含着深刻的含义。站立、行走的姿势会出卖一个人的内在，也就是所谓的"相"。

人们在与他人交往的分分秒秒里，会使用一万多种非语言信号。我们的语气、面部表情和身体语言都给语言传达了更多信息。我们在与人交流沟通时，即使不说话，也可以凭借对方的身体语言来探索他内心的秘密，对方也同样可以通过身体语言了解到我们的真实想法。人们可以在语言上伪装自己，但身体语言却经常会"出卖"他们，因此解译人们的体语密码，可以更准确地认识自己和他人。

身体语言是人们内心愿望所发出的信号，每一个看似无足轻重的表情、眼神、手势和体态，都透露着人的情感、智慧、修养和心思。当人们保持沉默的时候，思想和情感其实并没有沉睡，许多情况下反而迸发得更多，流动得更快。这些思想情感是由人的身体符号流露而出的，人的每一表情、姿势、动作都是一种符号，都代表着一定的意义。

一个人走进饭店点了酒菜，吃完摸摸口袋发现忘了带钱，便对店老板说："店家，今天忘了带钱，改日送来。"店老板连声说："不碍事，不碍事。"并恭敬地把他送出了门。这个过程被一个无赖给看到了，他也进饭店点了酒菜，吃完后摸了一下口袋，对店老板说："店家，今日忘了带钱，改日送来。"

谁知店老板脸色一变，揪住他，非剥他衣服不可。无赖不服，说："为什么刚才那人可以赊账，我就不行？"

店家说："人家吃菜，筷子在桌子上找齐，喝酒一盅盅地筛，斯斯文文，吃罢掏出手绢揩嘴，是个有德行的人，岂能赖我几个钱。你呢？筷子往胸前找齐，狼吞虎咽，吃上瘾来，脚踏上条凳，端起酒壶直往嘴里灌，吃罢用袖子揩嘴，分明是个居无定所、食无定餐的无赖之徒，我岂能饶你！"

一席话说得无赖哑口无言，只得留下外衣，狼狈而去。

故事中，两个人说同样的话，为什么结果差这么多呢？主要在于身体语言泄露了自己的内在。所以优雅的肢体语言是无声的语言。在演说中，我们必须留意自己的形象，讲究动作与姿势，因为我们的动作姿势，是别人了解我们的一面镜子。德国表演大师吉尔·佩森有一次谈演出体会时说："我就靠我的动作、姿态向人们昭示我的内心世界，昭示我的所思所想，昭示我的喜怒哀乐。"

据说，克林顿在演讲的时候，发现用手指人很不雅，但有时候又需要这个动作。于是，他创新发明了一个替代手指戳人的动作：将食指弯曲顶住大拇指指尖，另外三个手指紧握。这个手势在表现权威感的同时，看上去又温和而亲切，还会给听众留下"思想深邃"、"目标明确"的印象。这一招引起了人们的关注，不仅其妻子希拉里在演讲时常用，现任总统奥巴马也在用，其他各国首脑也纷纷效仿。

人们喜欢听乔布斯演讲，还包括欣赏他的手势。这位美国商界公认的演讲大师的手势和他的语言一样透露出权威、信心和能量，形成了他特有的表述方式。乔布斯比一般演讲者用的手势更频繁些，他善于利用手势加深听众对演讲内容的理解，使演讲获得成功。

好的手势对于演讲能起到助推的作用，演讲者要学会君子既要动口，还要动手。

三、戒忌刻板、做作和小动作

在演讲中恰当使用手势强调观点很有必要，但是要小心，你的手势不能变得像机器人一样死板或者显得刻意为之，装模作样。换句话说，不要照搬乔布斯和他的动作，要做真实的自己。

演讲者的手势必须随演讲的内容、自己的情感和现场气氛自然地流露出来。手势的部位、幅度、方向、力度都应与演讲的有声语言、面部表情、身体姿态密切配合，协调一致，切不可生搬硬套，勉强去凑手势。如果手势泛滥，刻意表演，会使人感到眼花缭乱，显得轻佻作态，哗众取宠。当然，也不可完全不用手势，那样会显得局促不安，失去活力。

第一，身体上、中、下三区的运用。上区，就是手势在肩以上，表示积极向上，一般用在号召鼓动、赞美、表扬的时候。下区，就是手势在腰以下，表示消极的、不好的，一般用在批评指责的时候。中区，就是手势在肩与腰之间，表示一般的描述表达。一般演讲过程中，大部分手势都在中区。

第二，场面大，手势大；场面小，手势小。当会场大、人数多时，我们的手势就要做得大气，让听众都能看见。当会场小、人数少时，我们的手势做得要小一些，做太大了，反而会让听众感觉有点张牙舞爪，和现场不协调。在这里还要分年龄，在对年龄大的人演讲时，手势要尽量小一些；相反在对年龄小的人演讲时，手势要尽量大一些。另外还有男女之分，对于男士，手势可以大气一些，对于女士，手势可以收敛一些。

第三，运用手势过程中一定要自然、协调。做手势就像猫捉老鼠一样自然，猫看到老鼠时，不会想姿势应该怎么摆，而是一下就扑上去，这就是最好的动作。不要为做手势而做手势。初学者刚开始可以多学学别人比较优美潇洒的手势，模仿是最快的学习，慢慢地形成自己的风格。当然，刚开始做手势时，会显得不协调甚至有点别扭，这没关系，习惯了就好了，所有的习惯都是从不习惯开始的。

第四，避免一些下意识的小动作。例如：

（1）把手插在口袋里、玩弄头发、来回晃动，不停扶眼镜，或者有意无意把手放在嘴边干咳，这些尽量避免。

（2）音量控制、语速控制。不可太高、太低、太快，让人听清、听懂。有时我们会重复地说某些话，例如，"这个是关于……"、"接下来……"、"现在我们要……"等，这些话都是为了引出下一张幻灯片。要表达同一种意思，我们总能找到不同的方法，但是首先你要认识到自己的哪些用语是多余的，你只是习惯性地依赖它。

（3）眼神交流。偶尔环顾四周，别只盯着一个地方，要让人觉得你是真的在和他做交流。

（4）如果需要展示纸制图表的话，尽量做得大而清晰，且保证大部分观众都能看到。如果板书的话，尽量在演讲开始前准备好，不要边说边写，让人看你的后脑勺也不好。

有一些小动作，演讲者自己发现不了。这就需要谦虚好学，最好是有朋友帮忙指出来或者把自己平时的演说现场录下来，自己回去再看，就会发现一些下意识的小动作。

第二十一章　演说，也能用"脸"讲话

一、面部表情在替你说心里话

面部表情，是指人们在社会交际中，由于外部环境和内心机制的双重作用，而引起面部的颜色、光泽、肌肉的收缩与舒展，以及纹路的变化，从而实现表情达意，感染他人的一种信息传递手段。面部表情丰富多彩，可以说是另一种深刻、直观的表达方式，甚至比语言、手势等更能入木三分。有句话叫"只可意会不可言传"，这或许就是在说表情的力量吧。

人的面部表情，是人的思想感情在外貌上的显示，是人的思想感情最灵敏、最复杂、最准确、最微妙的"晴雨表"。一般地说，喜则眉飞色舞，怒则切齿瞪眼，哀则蹙额锁眉，乐则笑逐颜开。喜怒形于色，面部表情随时在替人说心里的话。正如法国作家、社会活动家罗曼·罗兰所说的那样："面部表情是多少世纪培养成功的语言，比嘴里讲得更复杂到千百倍的语言。"

那我们怎么让我们的"脸"来讲话呢？

在脸部表情中，微笑是最能起作用的一种表情语言。

脸部表情分为上半部分和下半部分，嘴在表达各种思想感情方面的作用比眼睛还要重要。另外，发现眉毛也有二十多种"表演节目"，而且男子使用眉毛甚至比女子更多。然而，不管面部表情如何复杂、微妙，在交往中最常用、最有用的面部表情就是微笑。正确运用微笑的方式，对于强化有声语言的沟通功能，增强交往效果，具有多方面的作用。

面部表情既然包括了眼神、眉目、脸部、口唇等各部分的变化，就要了解各部分所代表的意义，才能有目的地练习。眉的展与皱，眼角的翘与垂，嘴角的上与下都表达了不同的思绪和感情。

微笑看似简单，但要把握得恰到好处也不容易。经常出现的毛病是：笑过了头，嘴咧得太大。这样给人一种傻乎乎的感觉。再有就是皮笑肉不笑，看上去让人觉得难受。

要解决这些问题，纠正这些毛病，首先是要解决基本态度的问题。如果你在交谈中能够以完全平等的态度对待对方，尊重对方的感情、人格和自尊心，那么你的微笑就是真诚的、美丽的，就具有强大的凝聚力和感染力。否则，你的微笑就是虚假的、丑陋的，你所能得到的也只能是逆反心理和离心力。所以，只有基本态度端正了，"皮笑肉不笑"的问题才能迎刃而解。

其次，要注意掌握微笑的动作要领和方法，即嘴唇：嘴角微上翘，可以展现出微笑的面容，这也是演讲中运用比较多的表情，无论是上台还是退场都需要演讲者向观众报以微笑，通过微笑还可以表达出喜悦、亲切、肯定、满意、赞扬的态度。

面部表情要遵循以下一些原则：

（1）准确。面部表情作为一种演讲表达的形式，首先应与实际内容和现场气氛相统一；其次，面部表情的变化要与演讲者的意图相吻合。

（2）自然。要自然真诚，发自内心，尽量保持日常生活中的自然性。

（3）既要有灵敏感和鲜明感，又要有真实感和艺术感，但不要刻意追求演员式的表情。

最好不要出现的面部表情包括：眼神呆滞，面无表情。造成这种表情常见的情况是：紧张、没有记熟演讲稿、对演讲主题体会不深，情感没有完全投入，个人身体上的一些其他原因等。

罗斯福总统演讲时，他全身好像一架表现感情的机器，他满脸都是动人的感情。这样使他的演讲更有力，更勇敢，更活跃。当代著名演讲理论家邵守义演讲时脸部表情丰富多彩，丰富的表情后面表现着复杂的思想情韵。

有些演讲者不善于运用自己的面部表情，不管内容如何转折变化，不管感情如何波澜起伏，始终都是一种表情，仿佛面部表情同思想感情的变化毫无关系。这不仅会给听众一种呆滞、麻木的感觉，而且有损于思想感情的表达。

二、好好修饰心灵外显的"窗口"

如果脸是人内在情绪的"晴雨表"，那么眼睛就是心灵的"窗口"。有一句话说，看一个人真实的年龄不要看他的外在打扮和举手投足，看其眼神就知道。我们每个人都要追求那种八十岁相貌，十八岁眼神。

在讨论过的所有演讲特点中，在公共演讲场所最重要的一点是眼神的交流。与听众的眼神交流开拓了交流局面，使你更可靠，并保持了听众的兴趣。这些作用都有助于你演讲的成功。眼神交流还可以让你得到听众对你演讲效果的反馈。

许多听众更喜欢在你开始演讲之前便与他们进行眼神的交流。当你演讲时，走上讲台（如果没有讲台就走到听众的前面），暂停一下，在讲话之前先看一下听众，眼神交流无声地传送信息。"我对你们很感兴趣，请听我说，我有一些东西想和你们分享。"你应该记住你的开场白，这样就不需要看笔记或将视线移离听众便开始发言。

要与所有的听众都建立眼神的交流，而不仅仅是盯着前排或一两个听众。前后左右地环视你的听众，选择一个人作为焦点，然后再换另一个人。

生动、复杂、微妙，最富有表现力的莫过于眼神了。眼神又称目光语，是运用眼的神态和神采来表达感情、传递信息的一种无声语言。在体态语言中，眼睛最能倾诉感情、沟通心灵。眼神千变万化，表露着人们丰富多彩的内心世界。

不同的眼神可以表达出不同的思想感情：眼神明澈、坦荡，表明为人正直、心胸宽广；眼神熠熠生辉，表明精神焕发、勇于开拓；眼神执著、热情，表明坚定自信、奋发向上；眼神狡黠、阴诈，表明为人虚伪、心地卑劣；眼神飘浮游移，表明为人轻薄、心胸狭窄；眼神晦暗生涩，表示着屈服命运、不求上进；眼神如蛇蝎蛰伏，表现着邪恶、刁钻……在与人接触时，正视对方，表明对对方的尊重；斜视对方，表明对对方的蔑视；看的次数多，表明对对方的好感和重视；看的次数少或不屑一顾，表明对对方的反感和轻视；眼睛眨动的次数多，表示喜悦和欢快，也表示疑问或生气；眼睛眨动的次数少甚至凝视对方，表示惊奇、恐惧和忧伤；如果不敢直视对方，可能是因为害羞，也可能有什么事不愿让对方知道；如果怀有敌意的双方互相紧盯着，其中一方突然把眼光移向别处，则意味着退缩和胆怯；如果谈判时有一方不停地转动着眼珠，这就要提防他出什么新主意或坏主意；如果是频繁而急速地眨眼，也许是表示羞愧、内疚，但也可能表明他在撒谎……总之，不同的眼神表达的思想感情是极其复杂和微妙的。在不同场合，眼神的运用有不同的技巧。

我们只有正确运用这些技巧，方能取得最佳效果。好好爱护我们心灵的"窗口"，让其顾盼生辉，神采奕奕。眼神不同的使用，所传达的效果也不同。

仰视：表示崇敬或傲慢。

俯视：表示关心或忧伤。

正视：表现庄重、诚恳。

斜视：表现轻蔑、不屑。

环视：表示交流或号召。

凝视：表示专注或深情。

点视：表示具有针对性和示意性。

虚视：可以消除紧张心理。

眉毛：双眉往上扬，表示喜悦、亲切、肯定、满意、赞扬；双眉微蹙，表示疑问、忧虑、悲伤。

东晋顾恺之说："传神写照，尽在阿睹之中。"印度著名作家、诗人泰戈尔说得更好："一旦学会了眼睛的语言，表情的变化将是无穷无尽的。"而美国作家爱默生对眼睛的评价是："当眼睛说得这样，舌头说得那样时，有经验的人更相信前者。"所以，一个成功的演讲者一定要了解和运用千姿百态的目光语和眼神技巧。

运用眼睛的时候要遵循这样一些原则：一是要有一定的目的性；二是要表现出信心，显示出活力；三是要和有声语言、动作、表情相结合。

正如黑格尔在《美学》中所论述的那样："不但是身体的形状、面容、姿态和姿势，就是行动和事迹，语言和声音以及它们在不同生活中的千变万化，全部可以由艺术化成眼睛。人们从眼睛里可以认识到无限自由的心灵。"

三、好好练表情，演讲才入戏

有的演说者可能要说了，谁都知道肢体语言、表情语言、眼神语言重要，但能真正掌握又不是件容易的事。有此困惑的人很多，主要原因不是不会运用体态神情，而是没有入戏。演讲本是一出戏，从登台开始，台词、演技、灯光，一个巧妙的道具，一个伪装的沉吟，一个深邃的眼神，都足以玩味。我们需要的不只是颈部以上的思维，更需要带动全身戏份。

微笑的训练：

1. 感受各种不同的笑

笑的种类有很多，演说者可以平时对着镜子自己练习以下的几种笑：大笑、狂笑、微笑、自笑、苦笑、憨笑、傻笑、嘲笑、讥笑、耻笑、冷笑、奸笑、狞笑、皮笑肉不笑。

（1）训练要求。

二人一组面对面，按上面"笑"的顺序，一人一遍的练习，先只发出笑声，第二遍则要求在发出笑声前先说一句话再笑，或一边说话一边笑，如：

在练习所有的"笑"后，一定要从中感受出口语交流中最好的笑——微笑。

（2）训练提示。

大笑、狂笑有喜，微笑有情，自笑有乐，苦笑有悲，憨笑有实，傻笑有愚，嘲笑、讥笑、耻笑均有侮，冷笑、奸笑、狞笑皆有恶，皮笑肉不笑全是假。

2. 请面带微笑说话与倾听

（1）训练要求。

用微笑的表情说话时，语音要柔和甜蜜，目光要神韵友善，面部要容光焕发，肌肉要自然放松，情绪要舒心愉快。

（2）训练提示。

说话者在与人交流中一定要面带微笑。微笑是美好感情的自然流露，真诚的微笑，不仅表明自己有教养、有信心，同时也表明对听众的友善与信赖。

3. 在各种场合应该运用的微笑技法

（1）训练要求。

◇上台与下台时的微笑。（每人上台一次）

◇用语言赞美他人的微笑练习。

◇与听众互动或交流时的微笑表达。

◇用微笑肯定或否定别人言行时的表情练习。

◇面对喧闹的听众运用微笑来表达自己的态度和情绪。

（2）训练提示。

◇上台与下台时应微笑，这样可拉近与听众的距离，把良好的形象留在听众心中。

◇表达赞美、歌颂等感情色彩时应微笑，此时要博得别人笑，自己首先要笑。

◇面对听众提问时送上一缕微笑是无声的赞美与鼓励。

◇肯定或否定听众的一些言行时，可以配合着点头或摇头，脸挂微笑。

◇面对喧闹的听众，演讲者可略停顿，同时脸挂微笑是一种含蓄的批评与指责。

眼神的训练：

眼神的作用如此巨大，如何来训练自己的眼神呢？

（1）训练者依次上台或面对镜子用目光语言准确地将下列神态表现出来：庄重的、轻蔑的、思索的、自信的、羞涩的、命令的、敌意的、挑衅的、尊敬的、反感的、吃惊的、疑问的、高兴的。

（2）正视表示庄重；斜视表示轻蔑；仰视表示思索；俯视表示自信；侧视表示羞涩；逼视表示命令；瞪视表示敌意；不停地打量表示挑衅；行注目礼表示尊敬；白他一眼表示反感；双目大睁表示吃惊；眨个不停表示疑问；眯成一条线表示高兴。

练习者应该两眼向下平视，目光自然、亲切、专注，与听众进行交流和沟通，及时了解和掌握听众的情绪、反应。演讲中，演讲者随意自然，有时盯着某处看，似乎专门说给一个人听；有时一会儿冲左边微笑，一会儿冲右边点头，一会儿朝后面示意，一会儿朝前面挥手，目光流盼，使全场每一个听众都感觉到演讲者是在看着自己说话，造成了一种极为亲切的交流氛围。

（3）与人交流沟通时的眼神练习。

一对一或一对数人的交流与谈话。不管是说话者还是听话者，其视线应该尽量多接触对方的面部。你的眼中要有别人，别人眼中才有你。

除了当众演讲之外，社交活动中的眉目语言同样显得重要。与人谈话，视线应该接触对方的面部，接触的时间应占全部谈话的30%~60%。超过这个平均值的，就表示听话者对谈话内容感兴趣；低于这个平均值的，则表明对谈话内容和谈话者本人都不怎么感兴趣。在一般情况下，凝视和不视都是失礼行为。

第二十二章　用感恩带动感恩

一、传递感恩情怀，分享感恩事例

感恩之心，是人类心灵中最美丽的种子。懂得感恩的人，在心中一定藏有大爱。这种大爱，正是促使他从平凡走向成功的动力。

感恩是一个人与生俱来的本性，是一个人不可磨灭的良知，也是现代社会成功人士健康性格的表现，一个连感恩都不知晓的人，必定是拥有一颗冷酷绝情的心，也绝对不会成为一个优秀的演讲者。

我听过一个大学生的感恩演讲，她并不是一个非常出色的演讲家，却因为一篇感恩的故事，感动了在场的所有人。以下是那篇演讲稿：

在我的记忆里，从我记事开始，我的爸爸妈妈从来没有表扬过我，幼儿园时我手工做得比别的小朋友好，他们觉得手工做得好什么用都没有；小学、初中，我的学习成绩比别的同学优秀，他们觉得这就是我必须做到的，我就应该比别的同学强；高中，我在班级、学校当学生干部，他们觉得我不努力学习，总是把时间耽误在这种活动上是不务正业……所以我的童年和成长就是在别人爸妈的赞扬和自己爸妈的无视中度过的，小时候的我甚至一度认为自己不是爸妈亲生的小孩，是邻居阿姨家的。

高考结束后，我毅然选择了到离家千里的哈尔滨来完成我人生的下一个阶段。离开家的前一晚，我和爸爸妈妈彻底地谈了一次。那天的谈话是这样开始的，收拾了一下午的东西，爸妈都没有来帮忙，偶尔一句嘱咐也是"别忘带……"收拾好一切，我重重地把自己摔进沙发里，"爸妈，咱们谈谈吧!"不知为什么，那天我把自己这么多年来的疑问和委屈一股脑儿的都说了出来：你们从来不夸我，从来都只看到我的缺点，从来都没有在下雨下雪的恶劣天气接送我上下学……我边说边哭，好像要把这些年积聚在心里的怨气都发泄出来，沉默的屋子里只有我上气不接下气的哭声。爸爸在沉默了好久之后用一句话打断了我的眼泪："因为你是我们的女儿，我们希望你更好。"接下来的时段里，爸爸妈妈一人一句地解释着，抑或是诉说着他们的父母心：不夸你是怕你骄傲，怕你满足现状后再也不思进取；总是指出你的缺点，是想让你找准自己的位置，塌下心来做得更好；下雨下雪不去接你并不是不关心你，而是希望你学会打理自己的生活，希望你可以在失去我们之前学会坚强和自立，才不会在失去我们之后茫然失措……

"可是，我也需要鼓励!"听到这么多的解释，我依旧觉得委屈。妈妈看着我哭花的脸说：哪一个做父母的不希望自己的孩子好？可是方式都不一样。我和你爸都不是那种喜欢把话说出来的人。可是你自己想想，在你每次需要鼓励的时候，我们真的没给你鼓励吗?

慢慢平静下来的我，开始回忆：幼儿园参加演出，妈妈跑遍各个商场给我买漂亮衣服；手工比赛做得好，爸爸把我的小作品在办公室展览了一个月。小学时候的我对什么东西都感兴趣，只要我想学，爸爸马上给我报名；每次考试，临出家门妈妈都会说"考完试早点回来"，而不是别人妈妈口中的"考个好成绩回来"。初中高中，班级学校的好多活动准备都是在家完成，爸妈虽然没有帮忙，却总在我没主意的关键时刻给出自己的意见和建议；第一次高考落榜后，爸妈只说了一句"按照你自己的想法做你的决定"等。

这时的我才忽然意识到，原来爸妈一直在用他们的行动关爱我、理解我，原来我的委屈和抱怨是那么幼稚和无知，原来妈妈给我的那种轻轻的温暖真的是"母爱无言"，原来爸爸给我的那种贴心的关怀真的是"父爱无声"。

到哈尔滨来上大学之后，可能是以前习惯了为自己打理生活，我很少给家里打电话，而父母的电话却多了起来。爸妈依旧只是问问我的学习和生活状况，并没有什么特别的事情。原来的我，也许不知道电话那头的父母给我的感觉究竟怎么定义，可现在的我知道，那种感觉叫做"大爱无言，润物无声"。我以前只懂得抱怨，不懂得感恩。其实，父母的付出远比我们想象得多。

感恩，是一种对恩惠心存感激的表示，是每一位不忘他人恩情的人萦绕心间的情感。学会感恩，是为了擦亮蒙尘的心灵而不致麻木；学会感恩，是为了将无以为报的点滴付出永铭于心。

感恩父母给我们生命；

感恩老师，增进了我们的见识，带我们走入知识的殿堂；

感恩上司，给我们工作的机会，让我们的才华有处可施展；

感恩自己的团队，让我们有了一起努力，抱团儿取暖的信心；

感恩爱人孩子，让我们有家，有爱，有幸福生活的能力。同时也要感谢那些对我们不太好的人：

感恩瞧不起我们的人，因为他教导了我应自立；

感谢绊倒我的人，因为他强化了我的能力；

感谢斥责我的人，因为他助长了我的智慧；

感谢藐视我的人，因为他觉醒了我的自尊；

感谢听众给了我与他人交流沟通时的快乐；

感谢生活所给予我的一切，虽然并不全都是美满和幸福。

演讲者内心存有感恩之情，也要通过感恩的案例带动别人感恩。就像上面那个大学生感恩父母一样，哪怕一个故事很平淡，只要是满怀感恩，就会感动别人。

二、调整心态，少抱怨多感恩

一个心存感恩的人，心态一定是正向积极的，他们多数不会抱怨，即使有了与自己相悖的东西，也会积极调整心态，做到少抱怨多感恩。

所谓"滴水之恩当涌泉相报"，其实说的就是要心存感激。如果演讲者心存感激，那么就会少一些烦恼，少一些牢骚，少一些抱怨，少一些不必要的仇恨；心胸就会变得宽阔，心情就会变得舒畅，进而生活也会变得美好，演讲更能获得成功。

有一次，盖茨的父亲去访问一家青少年恢复机构，在那里遇见了一个特殊的人。在过去，她是一个有精神问题的人，以前的生活经历不堪回首，后来她通过读书进修取得了良好的成绩，在青少年恢复机构的帮助下，她有了一份稳定的工作。

目前的生活状况，是她以前连想都不敢想的。她很感谢这个机构对自己的帮助，所以在平时工作的闲暇时间，她都会到基金会来帮忙，特别是这次！当她听说老盖茨要来的时候，就放下了自己的工作，非要当面表示感激，她告诉大家："如果没有基金会，就不会有现在的我，我也不会出现在这里，我的生活也不会发生翻天覆地的变化。"

这个女人给在场的很多人带来了很大的感触，盖茨也被她深深地感动了。

丰子恺先生说："你若爱，生活哪里都可爱；你若恨，生活哪里都可恨；你若感恩，处处可感恩；你若成长，事事可成长。不是世界选择了你，是你选择了这个世界。既然无处可躲，不如傻乐；既然无处可逃，不如喜悦；既然没有净土，不如静心；既然没有如愿，不如释然。"

情绪有一定的感染性，在听到抱怨与牢骚时，我们的大脑中会出现共鸣，导致正常的思维方式被打破，判断时就会出现失误。而听到感恩的时候，同样能感染别人产生情感共鸣。我们每个人都没有回头再来的机会，路上是风景宜人还是荆棘满布，完全取决于自己。何苦要把气力浪费在自私自怜且没有任何正面效应的抱怨上呢？擦亮眼睛寻找生活中的机遇不是更有意义吗？

所以，作为生命的个体要多感恩，少抱怨。作为启发别人，带动别人的演讲者，更要牢记，用正能量启迪人，用感恩的心态引领别人。

三、学会感恩，会用方法

表达感恩的方式有很多种，每种方式都会产生不一样的效果，优秀的演讲者通常都能找到适合自己的表达方式，为自己的演讲增添色彩。

具体怎么感恩也是有法可循的：

（1）精神感恩。对于曾经帮助过你的每一个人，无论是细微小事或者具有意义的大事，我们都应该表示感谢。至于如何表达呢？最主要的是时常拥有一颗感恩的心，以真诚的爱心去相互交换。比如温暖问候，时常走动，相互帮助。

（2）物质感恩。这是最直接的感恩方式，对于父母的养育之恩。在父母年老之时，也是儿女们尽孝的时候，每逢节假日，回家陪陪二老，买点礼物，以最古老的方式向父母表达感谢。当然这种方式也可对其他亲人或者朋友表示。最真的心，用一张卡，一张邮票，一份真心流露的文字来感恩。用一束花来表达一份感恩的情感，鲜花是美丽的，感恩的心就像鲜花一样芬芳四溢，感恩就是一种鲜明的态度。用新鲜的果篮作为感恩礼物，用健康来阐述感恩的价值，感恩不仅仅是问候还有对健康的追求。对于老一辈有些人喜欢烟酒那么就传统地送上我们感恩的礼物，一瓶珍藏的酒，一盒钟爱的雪茄或者香烟，虽然传统，但是绝对是最真的感恩心。

（3）电话感恩。因某些原因与亲人或者朋友不能相聚的话，电话是最能联络感情的纽带。用最简单真挚的语言，向对方表示你的问候。最起码别人能感觉到对方在你心中的存在。如果对于曾经给过你帮助的朋友或者亲人，你连起码的礼貌都没有，感恩之心就不用提了。

（4）短信感恩。俗话说，礼轻情意重，表示感恩，并不一定需要昂贵的物质表达，在工作太忙碌以及我们身边要感谢的太多，不如来时髦一点的，发短信表示感谢。其实，这种问候同样可以在各种场合表达，比如春节、生日。

（5）夫妻感恩。随着社会的发展，离婚率也随即增多。主要表现在夫妻之间缺少感恩之心。有的认为既然我娶了/嫁给你，你为我做任何事情都是应该的，我享受你提供的一切都是理所当然的。其实，要想家庭永远幸福，夫妻之间就应该学会感恩，懂得对方的好，相互理解，相互支持。

（6）培养感恩。感恩是中华民族传统美德之一，对于年幼的孩子，父母应该从小培养孩子的感恩意识。因为孩子从小到大都是跟父母一起生活，所以父母的一言一行特别重要，是好是坏都是孩子的榜样。长大后能否有一颗感恩的心，与父母的教育有着密切的关系。

感恩是一份祝福，永远祝福那些曾经帮助我们的人，用祝福代表我们永远感恩的心，将感恩进行到底。感恩教育应以活动为载体，演说家更应该让青少年从活动中体验感恩，并回归现实生活，从点滴做起，在生活中实践感恩。演说家在演说的过程中应做到"以理服人，以情感人，情理交融，感人心灵"，让听众在不知不觉中受到教育，使其知、情、意、行在情理交融中实现自我完善，最终回报生活。

第二十三章　演说家，要当欲望的唤醒者

一、语言导向进行心理刺激

听众能和演讲者产生共鸣，认同演讲者所讲的，大部分是通过正确的语言对其心理造成刺激。也就是所谓的听众心理兴奋点遭受刺激的情况下，听众才会拿出一副跃跃欲试的神情，才会接受你的观点，继而接受你这个人。这个兴奋点就是演讲稿中那些富有激情，容易对听众产生较强刺激或引起其高度重视、能产生强烈共鸣的词句。

什么样的语言才能给听众心理形成刺激效应呢？

首先，在设计演讲稿时要有意识设置一些能引起掌声的语言。比如，见解独到的词语，网络流行的新词，能对应演讲主题时即时应用。所有能够引起听众兴趣和热切关注的事例、名言、佳句和精辟独到的见解都属兴奋点的范畴。

其次，讲话的声音要有感染力。同样的语言，用不同的语调说出来效果也会不一样。

最后，要讲正面语言。就是那些带有浓厚感情色彩、充满激情的语言，那些立场鲜明、见解独到、能够给听众以深刻启迪的语言和那些热情歌颂真

善美、无情鞭挞假恶丑的语言。

比如，朱镕基总理在上任伊始的记者招待会上说："不管前面是地雷阵还是万丈深渊，我都将一往无前，义无反顾，鞠躬尽瘁，死而后已！"铿锵的话语赢得了满堂的掌声。

关于语言的激情与力量如何打动和刺激内心的经典案例：

全国同胞们：

全美国的心思和希望——事实上整个文明世界的心思和希望——今天晚上都集中在密苏里号军舰上。在这停泊于东京港口的一小块美国领土上。日本人刚刚正式放下武器，签署无条件投降。

四年前，整个文明世界的心思与恐惧集中在美国另一块土地上——珍珠港。那里曾发生对文明巨大的威胁，现在已经清除了。从那里到东京是一条漫长的、洒满鲜血的道路。

我们不会忘记珍珠港。

日本军国主义者也不会忘记美国军舰密苏里号。

日本军阀犯下的罪行是无法弥补、也无法忘却的。但是他们的破坏和屠杀力量已经被剥夺了。现在他们的陆军以及剩下的海军已经毫不足惧了。

当然，我们首先怀着深深感激之情想到的是在这场可怕的战争中牺牲或受到伤残的亲人们。在陆地、海洋和天空，无数美国男女公民奉献出他们的生命，换来今日的最后胜利，使世界文明得以保存。但是，无论多么巨大的胜利都无法弥补他们的损失。

我们想到那些在战争中忍受亲人死亡的悲痛人们，死亡夺去了他们挚爱的丈夫、儿子、兄弟和姐妹。无论多么巨大的胜利也不能使他们和亲人重逢了。

只有当他们知道亲人流血牺牲换来的胜利会被明智地运用时，他们才会稍感安慰。我们活着的人们，有责任保证使这次胜利成为一座纪念碑，以纪念那些为此牺牲的烈士。

这次胜利不仅是军事上的胜利，还是自由对暴政的胜利。我们的兵工厂源源生产坦克、飞机，直捣敌人的心脏；我们的船坞源源制造出战舰，沟通世界各大洋，供应武器与装备；我们的农场源源生产出食物、纤维，供应我们海陆军以及世界各地的盟国；我们的矿山与工厂源源生产出各种原料与成品，装备我们，战胜敌人。

然而作为这一切的后盾是一个自由民族的意志、精神与决心。这个民族知道自由意味着什么，他们知道为了保持自由，值得付出任何代价。

正是这种自由精神给予我们武装力量，使士兵在战场上战无不胜。现在，我们知道，这种自由的精神、个人的自由以及人类的个人尊严是世界上最强大、最坚韧、最持久的力量。但是，我们以极大的信心与希望面对未来及其一切艰险。美国能够为自己造就一个充分就业而安全的未来。连同联合国一起，美国能够建立一个以正义、公平交往与忍让为基础的和平世界。

我以美国总统的身份宣布 1945 年 9 月 2 日星期日是日本正式投降的日子——太平洋战场胜利纪念日。这一天还不是正式停战和停止敌对行为的日子，但是我们美国人将永远记住这是报仇雪耻的一天，正如我们将永远记住另一天是国耻日一样。

从这一天开始，我们将走向一个国内安全的新时期，我们将和其他国家一同走向一个国与国之间和平、友善和合作的更美好新世界。

杜鲁门在这次广播演说中，首先把人们的注意力集中到了日本签署无条件投降的美军军舰密苏里号上，接着又回顾了四年前的珍珠港事件，让所有美国人的心都为之跳动，在缅怀亲人的同时，阐明这是自由对暴政的胜利，并认定"胜利后的明天将是全世界和平与繁荣的希望"。整篇演讲起伏有致，既肯定了民族的精神与意志，又让人民对明天充满必胜的信心。所以，语言运用好可以刺激听众的心理，从而达到共鸣。

二、实物利用进行视觉激发

我们处在一个视觉社会，如果想要自己的言语被记住，就应该让听众看到它。你可能会迷惑不解：还有看得见的语言吗？人们会记住他们看到的50%以上的东西，而听到的则往往很容易被忘记。这就不奇怪为什么在大部分人的讲话中都会引入视觉教具了。今天，我们的视觉资料几乎到处都是。

人们发现，如果是用文字和图画一起来表现的，那么演讲人的消息会更有趣，掌握起来更容易，保留的时间也更长。在演讲中，利用实物、模型、图标、相片作为展示，同时进行解释和演讲不仅可以给观众留下鲜明的特点，同时会更好地完成演讲。

在现下读图的年代，一张好的图片或实物模型，胜过一场滔滔不绝的演说。

2011 年 3 月，戴维·克里斯汀教授发表了一场精彩的 TED 演讲，他用18 分钟讲述了 130 亿年的历史，演讲中他使用了极具视觉表现力的幻灯片和图片，演讲视频获得了 100 多万次的点击量。之后，克里斯汀开展了一项旨在教授在校学生"宏观的历史"的活动，让学生了解地球的进化史以及地球在宇宙中的地位。

18 分钟能讲述 130 亿年的历史，可见图片和幻灯片的功力是多么强大。演讲者要学会依靠幻灯片或者真实有形的实物对观众进行视觉激发。观众看在眼里感觉更真实、更有说服力。成功的演说者从不会照着幻灯片来念，而是花心思把内容转变成易懂的视觉故事，进而支撑他们的观点。好的视觉故事可以传递给听众最清晰的信息，而这需要合理的幻灯片布局支撑。

不懂得合理布局的演说者，把所有内容都堆砌到一张幻灯片上，并且不突出重点。其实，确定哪些元素应该重点突出相当关键，重点展示关键信息，弱化次要信息，才能吸引观众的眼球。

首先，演示文稿中使用的图片或幻灯片，背景要统一，不要弄得过于花哨，如果因为内容的原因，需要靠背景来衬托或者强调的话，背景不能完全统一，这时候背景颜色最好能够一致或者接近，每放映一张幻灯片就换一个颜色或者背景是很不明智的做法，会给人比较混乱的感觉。

其次，演示文稿中使用的图片播放格式要多样化。动画播放效果，不要使用单一的动画效果，不同的内容选择不同的动画效果会起到强调或者突出的作用。对于演讲会比较有帮助，观众视觉上也不会疲倦。

最后，如果幻灯片的内容和背景及动画形式能够相得益彰，再加上准确无误的语言，这样的演讲简直就是完美的，比如讲低碳环保，绿色节能的话题，如果背景都用绿色的，就会在一定程度上与内容相呼应了，这样的演讲无疑会比较精彩。

由可视图像引发起来的兴趣是很强烈的，如果利用得当，可视辅助物差不多可以强化演讲的所有层面。研究显示，演讲人充分利用可视辅助物，会给人留下准备更充分、更可信的印象。可视辅助物可以提高听众的兴趣，使演讲者在整体上获得更大的自信。

三、正向案例营造榜样效应

有一位大学校长在开学演说中，给全校的学生举了孙俪的例子用来说明演讲主题《不读书、不吃苦，你要青春干嘛》。

例子是这样说的：

2015 年热播了一部电视剧，叫《芈月传》。芈月作为一个女人吃了多少的苦头，付出了多大的代价才登上权力之巅，奠定秦国一统六合的基业！而作为主演，孙俪成为"荧屏霸主"何尝不是如此呢？

孙俪面对媒体采访时这样说道："除了《玉观音》后歇了三个月，十年来，我几乎再没有休息过一天，这比小时候练舞，比在部队里种地、赶猪、掏阴沟要累得多。"

她十年的付出，换来的是身价暴涨。拍摄《玉观音》时，片酬为5000元一集，《甄嬛传》时30万元一集，《芈月传》时片酬涨到了85万元一集……出道十年，身价暴涨了170倍。需要知道的是，这十年孙俪没休息过一天。

在完全可以拼"颜值"的时代，孙俪却在拼实力，拼吃苦精神。人生有两条道路可以选择：要么像孙俪那样吃苦十年，精彩五十年；要么安逸十年，吃苦五十年。

大学校长说，怕吃苦，苦一辈子；不怕吃苦，苦一阵子。这个例子是一个正向的案例，营造的榜样效果很明显，不但对于大学生，对于爱漂亮不上进啃老的大学女生，更是给很多社会上的人一个启示。

可见，好的案例运用确实能起到榜样带动作用，也会让演讲变得更生动、感人、有说服力。

事例运用能给演讲增色，演讲者在演讲之前要对自己所举事例做甄选，尽量多选正向、积极的案例，人内心的欲望和心理需求，都有趋向于美好的一面。积极的事例更能激起人的欲望，更能刺激人内心的兴奋点。

第二十四章　有"爱"的演说更动人

一、人类最好的语言叫"爱"

有一句话叫"动之以情，晓之以理"，人能接受一种理念，听懂一种道理，宣扬一种"理"，开先河的却是"动之以情"。什么样的言辞才能打动听众，即我们通常所说的有感情的语言，爱的语言。

迈克尔·杰克逊生前在牛津大学做过一次演讲，引起了巨大的轰动，在谈到"爱"时，他说："大概十二年前，我正好在准备一次巡演，一个小男孩和他的父母亲来加州看我。癌症正在威胁着他的生命，他告诉我他非常爱我和我的音乐。他的父母告诉我他生命将尽，说不上哪一天就会离开，我就对他说：'你瞧，三个月之后我就要到堪萨斯州你住的那个城市去开演唱会，我希望你来看我的演出，我还要送给你一件我在一部录影带里穿过的夹克。'他眼睛一亮，说：'你要把它送给我？'我说：'当然，不过你必须答应我穿着它来看我的演出。'我只想尽力让他坚持住，就对他说：'我希望在我的演唱会上看见你穿着这件夹克戴着这只手套。'于是，我又送了一只镶着莱茵石的手套给他。一般我决不送手套给别人，但他就要去天堂了。不过，也许他离那儿实在太近，我到他的城市时，他已经走了，他们埋葬他时给他穿上那件夹克戴上那只手套。他只有10岁，我知道他曾经多么努力地支持过。但至少，在他离开时，他知道自己是被深爱着的，不仅被父母亲，甚至还有几乎是个陌生人的我也同样爱他。拥有了这些爱，他知道他不是孤独地来到这个世界，同样也不是孤独地离开。"

这是一个讲"爱"的故事，迈克尔用的语言虽然平实简单，但里面流淌着一种感情，就是对小男孩的关爱。希望他的生命可以因为他的承诺和希望而变得可以坚持一点，希望他的鼓励和期待让生命的结束得以放慢脚步。

成熟的演讲者通常都会选取一个小故事，一件生活中的真人真事，或者用带有倾向性或暗示性的语句，向听众施加某种情感来唤起听众的感情，使之沉浸在某种情绪当中。迈克尔在演讲中，以讲述一位小歌迷的遭遇，引发了听众内心柔软的感情，使他们对爱领会得更深刻而贴切，最终与演讲者产生了热切的共鸣。

泰戈尔曾说过："爱就是充实了生命，正如盛满酒的酒杯。"的确，爱就像空气一样充斥在我们的生命中，包括在座听众也都是被爱所包裹着。演讲是演讲者感情的表达，在演讲的过程中，要将心中的爱表达出来。

乔布斯去世之后，奥巴马总统对乔布斯进行了悼念：

得知乔布斯去世的消息，我和米歇尔感到很难过。乔布斯是美国最伟大的创新者之一，他勇于与众不同地思考，敢于相信自己能够改变世界，并用自己的才华付诸实施。

他在自己的车库创建了世界最成功的公司之一，证明了美国独创力的精神所在。

他开创了个人电脑时代并将互联网装进我们的口袋，不仅让人们感受到信息革命，还让信息革命直观而有趣。

他将自己的才华转化为故事，为数百万孩子和成人带来了快乐。

乔布斯说，自己把每天都当做最后一天来过。由于他做到了这点，所以他改变了我们的生活、重新定义了整个行业，并铸就了人类历史上最罕见的一个奇迹：他改变了我们每个人看待世界的方式。

世界失去了一位有远见的人！对乔布斯成功最高的致敬莫过于，世界很多人是通过他发明的一个产品得知他辞世的消息的。我和米歇尔向乔布斯的妻子劳伦、乔布斯的家人以及所有爱他的人送上我们的沉思与祈祷。

不论是哪一种演讲类型，演讲者内心有爱，语言才能饱含深情，也更能感染别人。演讲者的爱语能抵达听众的内心。

二、"爱"不止一个字，更是一个场景

演讲者在演讲时，面对听众，其情感的涌动，既不能拿腔捏调、矫揉造作，也不能极力渲染。演讲者与听众是依赖情感沟通的，人非草木，孰能无情？要想拨动听众的心弦，演讲者自己必须动真情。只有发自肺腑的真情，才能感动人。

日本"经营之神"松下幸之助的演讲促人奋进，原因就在于他的演讲不但充满了理性的光辉，而且在平静的叙述中先感动自己。在一次"人生的沉浮"演讲中，他这样讲道："我小时候，生活在农村，因此，我的脑子里装满了乡村的情趣。至今，我仍记得乡下人洗甘薯的景象：木制的特大号水桶里，装满了要洗的甘薯，乡下人站在木桶边，用一根扁平的木棍不停地搅拌着。在木桶里，大小不一的甘薯，随着木棍的搅动，忽沉、忽现。浮在上面的甘薯，不会永远在上面；沉在下面的，也不会永远在下面。总是浮浮沉沉，互有转替。这种浮浮沉沉，互有轮转的景象，正是人生的写照。每一个人的一生，就像那个甘薯一样，总是一浮一沉，沉下去时，是对每个人最好的磨炼；浮上来时，是对磨炼的阶段性的肯定与奖励。挫折本身就隐含着正面的意义。我就是本着这种人生观，越挫越勇，最后才能获得今天这样小小的成绩。"

这就是一种爱的场景，看似讲人生沉浮，听众和演讲者一起感受到的却是农村乡下人洗甘薯的景象。树高千尺的松下幸之助不忘根，这才是最动人处。所以，他把自己隐喻为甘薯，在人生长河中洗礼，有沉有浮。大家一定能感同身受，场景是多么有魅力。

在一次母亲节的活动现场，我做了一次演讲。主题是《我们能为母亲做些什么》，我给观众营造了一个伟大母爱的场景：

我提了一个问题给现场的观众："你们对大马哈鱼熟悉吗？"

"大马哈鱼？知道些。"现场观众一半以上是茫然状，表示并不熟悉。于是我开始讲，"这种鱼很伟大，噢，我是说她具有崇高的母性"。望着观众迷惘的眼神我补充了一句："你听过或在书刊上看过大马哈鱼生殖过程的介绍吗？"于是，我配合着 PPT 开始了故事的叙述：在大马哈鱼的生殖季节，它们成群结队地从深海区往内陆的江河中跋涉，也许千万里吧，行程异常艰辛，在一些浅得刚刚能够没过石子的水湾处，大马哈鱼几乎斜着身子，蹭着江底的沙石挣扎着前进。到达浅滩时，奔波劳顿的大马哈鱼已伤痕累累，但是他们仍然不停止，雌鱼还要在布满沙砾的江底掘出一个个穴位，以便产卵，产完卵的大马哈鱼体无完肤，面目皆非，就在这祖祖辈辈完成生殖使命的地方，一批批血肉模糊悲壮地死去。大马哈鱼的生殖过程虽然比较残酷，但是正是这种了不起的生殖方式，体现了一种伟大的母爱。我们人类的母亲也如大马哈鱼一样，每一个生命的降生都跟母亲生死相连。

新生的大马哈鱼从生命开始的地方，生与死衔接得如此的紧密和短暂，流泪的余地都没有，悲伤的余地也没有，只要踏上行程，就义无反顾。

这是一种无私的母爱。我们要为大马哈鱼的死去而感动，并产生深深的敬意，如同敬爱我们的母亲一样。

所以，在今天给母亲的节日里，我们每个人都应为母亲做些什么……

这个场景结束时，现场有一些女同胞的内心被触动，很多在落泪。大马哈鱼的故事很悲壮，与主题紧密相连，很快吊起了听众的胃口，使听众在听故事的时候产生了同理心。每个人都有母亲，每个女性都将会扮演这个角色，所以牢牢地吸引了在场听众的注意力，同时也为进一步展开演讲做了良好的铺垫。

演讲是一种综合的活动，会涉及人的很多心理问题。只有情感炽热真诚的演讲者，才能将心理诸多因素发挥到最大的效用，才能将心中的爱表达出来。随着演讲者喜怒、爱憎情感的流露与倾泻，就会推动听众情感的升温与迸发，就能达到演讲的预期目的，甚至可以收到意外的效果。

第二十五章　触景生情，升华演说效果

一、演说需要借势借景

TED 演讲之所以风靡，主要的特点是将科技、娱乐、设计融为一体，演讲的特点是毫无繁杂冗长的专业讲座，观点响亮，开门见山，种类繁多，看法新颖。这种新颖就是一种演说的借势借景。既要借剧场式、巨幕式的舞台，又把台上的演说者变成了演员＋导演的模式。让演说的场景变成全舞台式，让演说的属性更具表演性，让演讲者变成一个魅力无穷的演员。

既然演讲者是演员，那在演讲时，要善于随机应变，灵活机智地发现演讲现场可以利用的人、事、景、物，并把它们现"炒"现"卖"，做成听众喜欢的"舞台剧"，从而为演讲增添光彩，为听众奉献精彩。那么，在演讲现场到底有些什么值得一借呢？

首先，听众的反应值得一借。

比如有个案例是这样说的：

解海龙是希望工程的发起者之一，一天他到北京 21 世纪学校去演讲。这是一所"贵族学校"，学生的生活条件都比较好。还没等他开始演讲，台下孩子便叽叽喳喳地议论开了。

解海龙看到这个情景，大声喊了几句，可是学生们依然没有安静下来。于是，他让一个老师将电闸关掉，礼堂突然漆黑一片，学生也随之安静了下来。这时，解海龙"啪"的一声打开了幻灯机，银幕上顿时出现了那张有名的"大眼睛"照片。

解海龙问："同学们，你们家里有没有照相机啊?"下面发生了齐声回答："有!"解海龙又问："你们会不会照相?"部分同学又一齐回答："会!"这时，解海龙便指着下面的一位同学问："请你说说看，照相有什么样的意义?"那个同学站起身来，回答说："留着做纪念。"解海龙点点头，说："好! 作为留念——那就请大家看看，老师给这些山里孩子们拍的留念照片吧!"

然后，解海龙便开始播放这些照片。他每放映一张，就会给学生介绍一个有关失学儿童的故事，这样既抓住了学生的注意力，又营造出一种与演讲内容相适应的肃然气氛，使学生们很快就进入了"规定情景"之中，激发了他们对贫困学生的关注和同情心。

上面的例子巧妙地借用了现场观众的反应，以其骚动不安，借力使力，演讲者要学会随机应变；要了解听众的心理反应更要理解事情的实质，恰到好处地借题发挥。这样不仅能调控演讲现场，充分调动听众的情绪，引发共鸣，而且使你的演讲新鲜引人，独具特色。听众在欣赏你的演讲的同时，也被你的机智、才气深深折服了。

其次，周围的景致值得一借。

在演讲会场或周围，或许有一些特别的景物闯入你的视线，成为你可以捕捉的对象。演讲者若能抓住它并予以巧妙运用，就可以使演讲更具"现场感"，更有利于台上台下的互动，更能实现演讲者与听者在情感和思想上的交流。

比如，有一次参加外景婚礼。婚礼举行一半，下起了雨。现场主持人临场发挥，说：老天用甘露祝福有情人。愿你们记住这个美丽的日子，漫漫人生路上，你们将风雨无阻、风雨兼程! 细细雨如绵绵爱，绵绵爱比细细雨更多。今天的雨，象征着未来的丰收与富足，在此，祝愿这对新人，也祝愿在座的每一位：爱情甜蜜像雨丝，生活富足如大地！

现场众人鼓掌。婚礼遇雨本是烦心事，结果巧妙借雨送祝福，不但没有影响婚礼，反而增添了浪漫。

可见，真正的演讲者是会临场发挥，借势借景的。

二、有时无声胜有声

在演讲中，我们不只需要滔滔不绝地说话，有时候，还需要适时的沉默。恰到好处的沉默能取得"此时无声胜有声"的效果。一般情况下，有些演讲之前的会场会有吵嚷声，演讲之前最好能用适当的沉默让会场平静下来，以赢得听众的关注。绘画艺术留白天地宽，演讲艺术留白意无穷。有时候适度的沉默是演讲中精巧的留白。

一次，爱因斯坦应邀到日本某大学访问，校长在欢迎仪式上沉默了很久，才讲出一句话，"爱因斯坦博士万岁！"全体集会者在焦急的等待之中，校长那异乎寻常而又发自肺腑的呼喊把大家感动得热烈鼓掌。爱因斯坦更是热泪盈眶，上台与校长紧紧拥抱在一起。

如果校长在爱因斯坦上台之前就说一大堆介绍词，人们可能对于下面要出场的爱因斯坦就会兴趣少了很多，这位校长很有智慧，选择了沉默来引起大家的悬念，又用一句极具幽默的语言既满足了观众，又敬仰爱因斯坦。所以，有时候适度的无声比有声更有力量。

林肯在1858年与道格拉斯竞选参议员时，两人对于是否要废除奴隶制的问题争论不休。在林肯最后一次辩说词中，他突然停顿下来，默默站了一分钟，望着他面前的听众，他的眼睛似乎满含着未曾流下来的眼泪，他的双手紧紧握在一起，然后，他说道："朋友们，不管是道格拉斯法官，还是我，被选入美国参议院，都是无关紧要的，一点儿关系也没有；但是我们今天向你提出的这个重大问题才是最重要的，远胜过任何个人的利益和任何人的政治前途。朋友们，"说到这，他又停了下来，听众们屏息等待，唯恐漏掉了一个字，"即使在道格拉斯法官和我自己的那根可怜、脆弱、无用的舌头已经安息在坟墓中时，这个问题仍将继续存在、呼吸及燃烧"。

演讲中途的停顿，让人们的心突然悬了起来，注意力就集中在林肯将要说的内容上，此时林肯再演讲，人们自然会认真倾听他所强调的内容，从而明白这个问题的重要性。

我们在演讲时遇到需要强调的问题时，也可以适当地停顿，用沉默来突出重点。例如当提出一个问题，或讲到一个新概念时，适度停顿，让学员思考，跟上你的思绪，从而避免大家跟不上讲师的节奏。同时还可以严肃现场秩序。有时候，你按时开始演讲，可是姗姗来迟的学员不时打断你的思绪和言语，这时候停下来，让迟到者在众目睽睽下落座，而你不用批评迟到者，却已经达到了教育的目的。有时现场有些学员交头接耳、注意力分散，还影响他人，与其直接批评伤彼此和气，不如你这时突然停下，眼睛注视有问题的学员方向，这时不守课堂纪律的学员就会受到无言的警告，而停止其扰乱行为。

作为演讲者要记住，语言苍白时，沉默在说话。

三、现场发挥有方法

演讲时随机应变或临时被要求发言，或多或少感到紧张是很正常的。只要不会紧张到"语无伦次"或瞠目结舌愣在那儿还算是无伤大雅。适度的紧张有时反而有益，因为这样往往更能流露出演讲者的坦诚与热诚，因而更容易赢得听众的共鸣和赞许。毕竟，临场发挥不是所有人能驾轻就熟，说得出彩的，演讲者首先不要给自己压力。

第一，根据现场需要确定你针对讲题想要采取什么样的立场并依据你对听众背景和需求的了解，想要为着何种发言目的而表达什么主旨。同时据此急速敲定你打算呈现的基本立场和核心题旨。因为临场发挥时间短促，即使你一时有很多话可说，也不宜贪多，必须加以取舍剪裁，只挑具有实质意义的重点来说。

第二，在时间许可范围内处理演讲内容的布局事宜，也即依照开场白、主体和结语三段组织来把所欲表达的内容有系统地架构起来。

第三，要善于利用现场各种可用的资源，包括描述现场某些布置所带给你的某些联想，或评述其他刚讲完话的演讲者的某些与你讲题发生巧合关联性的话语。这样做，很容易激发听众的高度兴趣和认同，而且你的机智表现也能有效增强你的感召力和说服力。

第四，要养成"站着思考"的习惯，增进边说边想的才能。在边想边说的过程中，可以尽量运用联想法、发问法、归纳法、演绎法、对照法、引述法、比喻法和举例法等思维方法，以便扩展"站着思考"的空间，并灵活打通有助于连接讲题的思路。只要讲题不致太过于生涩艰难，大概就能侃侃而谈，乃至出口成章了。

第五，要在平时多下功夫，舞台上的任何一种出口成章，都离不开内在的知识储备，这方面的信心与能力确实要靠长期积累的学养、胆识、眼光和经验才能逐步培育成功。

因此，我们可以说，即兴演讲或现场借物发挥是可以，而且需要事先准备——有赖一辈子持续不断准备的一门才艺。

第二十六章　把演讲融入生命，
用说话担当责任

一、演说者有情，听者亦有情

经验表明，运用生动感人的事例，是演讲者表情达意的重要途径。在演讲的情感高潮处，演讲者往往会情不自禁地讲述起某件难忘的事情，以表达自己的真切感受，从而产生感动人心的现场效应。

在电视上曾经看过一期节目，一位平凡的妈妈，有一位智障的儿子，而她的丈夫在得知儿子是智障的时候，抛弃了这对母子。但这位伟大的母亲没有放弃儿子，听说学钢琴可以开发智力，经济条件很差的她，为了教儿子学钢琴，自己自学钢琴，在儿子 10 岁时，可以自己说话了，并且还会唱歌，创造了奇迹。这位妈妈在节目现场，她的普通话不好，但是就因为她所讲的，里面是充满了"情"，感动了所有人。

"感人心者，莫先乎情。"演讲既是信息的传递，也是情感的交流。如果演讲者的话是出自内心，发自肺腑，有自己的真情实感，那么听众的情感之弦就容易被拨动，演讲者和听众的共鸣就会更强烈，听众也就更加容易接受演讲者所表达的观点，深受感染。

"情以动人"，好的演讲，应该是说服型的，也就是让人听后会有所行动。演讲者有情，听者才能听到内在的情，从而受到感动。

　　有一次刘墉在讲《如何拥有幸福成功的人生》中是这样说的：

　　有一天，我在家找一本书，结果找到了妈妈坐的沙发边上，找书的过程中，我搂抱了妈妈一下，还说了一句，"还挺胖乎的"，便走开了。结果一会儿我听到了母亲的拐杖声，母亲说："孩子，你好久没有抱娘了。"听了这话，当时我的眼泪啪啪就掉下来了。什么是幸福？我深深感觉到这就是幸福。你们的奶奶，爷爷，外公，外婆把你们带大，现在他们老了，还有谁去关怀他们？如果以后你回家，找个机会去抱抱他们，你们会发现他们的眼睛里头可能会有泪水。为什么？因为可能已经有多少年，十年甚至二十年都没有人抱过他们了。你们从小一直是他们抱着的，但是到他们老了，为什么没有人去抱抱他们呢？所以，今天回去，就去抱抱你们的爸爸妈妈，爷爷奶奶，抱抱这些老人好不好？（掌声雷动）

　　演讲者在用真挚的感情叙述这段他真实的故事和幸福的感受时，大家一定有所触动。

　　接着，刘墉又不失时机，情真意切地讲述了亲人需要关怀的道理，并呼吁大家"今天回去，就去抱抱你们的爸爸妈妈，爷爷奶奶"，会让每个人想到自己有多久没有给予自己最亲的人最简单的爱了，仅仅一个拥抱，我们都能做到。所以，才能引起共鸣，收获掌声。

　　演讲者要有情的前提是用心，让心中存满感恩。

　　用心是一种态度，更是一种境界。作为一种态度，它能使我们做好演讲，鼓励更多的听众；作为一种思想境界，它能使我们用长远的思考来规划演讲。

　　用心是一种品质，有了这种品质，才能成就无与伦比的演讲；用心做事是一种情操，有了这种情操，你才能在所有的演讲活动中创造和谐美好的人生。

二、先感动自己，再感动别人

我觉得演讲首先应该是有话要讲，如果是为了切合主题而被迫说一些自己都不认同的话，怎么可能感染听众。试问自己都打动不了怎么打动别人？

而现在仍然有人对演讲还不充分了解的情况下就匆匆上台。把演讲等同于朗诵，通篇不是慷慨激昂就是抒情绵绵，甚至运用一些夸张的动作引来的是听众的笑场，让人摸不着头脑或起一身鸡皮疙瘩，甚至有人觉得这就是演讲要达到的效果。

我个人认为，真正好的演讲或是激情或是深沉，让听众被深深地感染跟着情绪起伏，都应该是自然的感情流露，应该是情感的水到渠成，而不是故意提高八度的嗓音或硬挤出来的几滴泪水。真正好的演讲还应该有一个好的演讲内容，内容有深度又要有温度。来自平时的积累和切实感悟，来自演讲者对周围事物敏锐的洞察力和观察力。有感而发，有情可抒才能成就一次成功的演讲。也就是先让自己感动，才能感动别人。因此，登台之前须反躬自问：自己的真情在哪里？

例如，孙坚在教师节的演讲《师爱无声》中的一段：

贵州省乡村民办教师陆永康，刚出生九个月，就因小儿麻痹症致使双腿终生残疾。二十岁时，他开始了跪着授课的教书生涯。他的事迹，感动了中国。著名相声演员侯耀华在给陆永康颁发"三农人物"奉献奖时，"咚"的一声就跪了下来，他说："当我知道要给您颁奖的时候，我只想着一件事，您跪着讲了三十六年的课，今天，我应该给您跪。"侯耀华这一跪，代表了所有人，对那些默默无闻、甘心奉献的老师的深深敬意和谢意。

以上案例中，首先作为演讲者孙坚是被教师陆永康感动了，也被侯耀华高逼格的人格素养感动，他才会举出这个例子。演讲者以跪着授课三十六年的乡村民办教师陆永康这个人物为"动情点"，又以著名相声演员侯耀华在给他颁奖时令人动容的一跪来"煽情"，触动了听众的心弦，感人至深，激发了听众心中的崇高感，唤起了听众的情感共鸣。

曾任英国第八集团军司令的蒙哥马利将军在离任时发表了感人至深的告别演说。据将军回忆，与将士们告别是"最难的事"，当时心情异常激动，难以平静。所以他在致辞时充满激情：

在这里讲话很易激动，但我努力控制自己。如果说不下去时，请你们原谅。

我实在很难把离别之情适当地向你们表达出来……（别后）我对你们的思念……实非言语所能表达。

司令官与他的部队之间的相互信任是无价之宝。

我激动得说不出话，但我还是同你们说……

以上所引只是不连贯的片断，但足以看出，将军为真情所动，越是压抑越是显得真挚、深切，越是质朴越是感人，这些肺腑之言使得在场的所有将士的脸上挂满了泪水。另外，将军的真情之所以动人至极，是因为切合了听众的心态。否则只能是"一厢情愿"。

所以，在用情感人的演讲中，一定要注意以下几点：

（1）有恣意流露的率真，刻意雕饰只能弄真成假弄巧成拙。表达真情固然可以借助词采，但也要脱口而出，仿佛从心里流淌出来的，有一种直率地裸露内心的坦诚和天然真趣。

（2）有深沉的蕴含，演讲人的感情有底蕴才有力度。否则即使是真情也会由于浅薄的表达而显得轻飘无力。

（3）有充分的内心依据。只有揭示出感情的内心依据，传达出情感世界的微妙之处，才能给人以"真"的感觉。

（4）有强烈的个人色彩。感情是最富有"个人性"的，是无法模仿的，谁模仿谁都"不像"。有的演讲不能动人，就是因为他所表达的感情是"学"来的而不是他自己的，让人感到似曾相识。

（5）要让真情在字里行间不时地流露出来，一个词语、一句话、一个句群或几个段落，都可以带有爱憎情绪和褒贬意味，不要为了"感动"编造故事情节欺骗听众，真情造不了假。

三、每个演说者，都是一生使命的担当者

演讲不是炫口才！

真正的演讲，不仅是传递内容，更是传递感情；

不仅在传递信息，更在传递信念；

不仅在传递自我，更在传递大爱。

每个人来到世上，都是带有一定的使命的，有的人的使命是教书育人，有的人的使命是救死扶伤，有的人的使命是保家卫国……演讲者的使命是什么？用演讲开启人们的智慧，给听众带来收益。只有将演讲看成是人生的重要使命，才能增强演讲者的使命感，才会坚持不懈。

扎克伯格在清华的演讲中是这样说的：

相信你的使命，做你觉得重要的事情。

2004 年，我创立 Facebook，是因为我觉得能在网上和人连接是非常重要的。那时候，互联网上有很多网站，你可以找到差不多所有的东西：新闻，音乐，书，电影，买东西，可是没有服务帮我们找到生活上最重要的东西：人。

人是我们生活最重要的。请大家看这个房间，你们看到什么？不是这个桌子，这个椅子，是这里的人。这是人的特点。每个人都想跟他们的朋友和家人联系。当我们可以分享和联系，生活会变得更好。当我们分享和联系，我们可以和家人、朋友有更好的关系。我们的企业更强大是因为可以和客户有更好的沟通；社会也会变得更强大是因为我们知道的更多。当我创立 Facebook 的时候，我不是要创立一个公司。我想要解决一个非常重要的问题：我想把人们连接在一起。

当我看中国的公司，像阿里巴巴和小米，我看到的是一样的故事。当你

有使命，它会让你更专注。

做企业需要使命，做员工需要使命，大到国，小到家，人或多或少有使命感，更大的使命感是什么？来自于你愿意为自己的家庭、社会、国家甚至于全球、世界做一些真的有意义的事情。

作为演讲者，当我们站在台上开口讲话的时候，就要想到我们有传递思想的责任。"大成必有信，开口必助人。"这就是我们的使命与价值。演讲者不要总想着自己讲得好不好，而要想到自己讲的话是否能传递一种思想，能帮到别人。我们怎样找到自己的使命感呢？

1. 写出自己的梦想

尽情地发挥你的想象，想一想，在你的生命中有哪些和演讲有关的梦想是你发自内心地想要实现的，只要一想到它们，你就会感到热血沸腾、兴奋无比，将它们逐一记录下来。

2. 我的个人潜力有多大

设定人生目标时应当以终为始，以结果为导向，可以想象一下：

（1）为了提高自己的演讲能力我都做了哪些努力？令自己感到骄傲的事情是什么？我对别人的贡献有多大？

（2）通过自己的演讲帮助了多少人？影响了多少人？改变了多少人？有多少人认识我？他们怎样评价我？

（3）我还有多大潜力能让自己发挥自己的优势。

把所有问题的答案都写在上面。思考这些问题之后，你一定会在这些问题中找到你的梦想、你的信仰、你的终极追求和你生命的意义。

3. 给自己树立榜样

榜样的力量很强大，一个想成为英雄的人，必须先有个英雄做参照。演讲者同样需要将自己的梦想锁定到某一具体的偶像或是榜样上面。比如：

像陈安之老师那样成为演说家，传递思想给别人带去思想和理念。

像马云一样成功的企业家，用演说带动其他人致富。

拥有使命的人，会清楚地看到自己的未来而且有目标，知道自己所期待的结果在哪里。有使命感才能有担当，让生命变得有价值。通过演讲去影响和改变更多的人，通过演讲来传递正能量，幸福千万家，为构建和谐社会做出自己的贡献。

书的最后，云博祝大家都能实现自己的梦想！

附录

（学员分享）

河北淘城汇网络科技有限公司的创始人、总裁　孔德顺

大家好，我叫孔德顺。河北淘城汇网络科技有限公司的创始人，衡水顺保麟汽车销售服务有限公司董事长。淘城汇网络科技有限公司通过自主研发的"淘城汇超级大数据商城"对企业线上的大数据扶持，已使几十家企业实现了他的业绩翻番，使这些企业真正实现了线上大数据和线下实体售后服务一体化。这些公司一致认为"淘城汇超级大数据商城"是一个世界级领先的数据商城，也可以称为"一城打遍天下"。

淘城汇的成功离不开张云博老师的帮助，是他给了我方向上的指点，也是云博老师那颗大爱之心和与人交往时表里如一的真诚深深折服了我。我也非常荣幸地成为云博老师的"梦想合伙人"，和老师一起完成捐建100所希望小学、100所孤儿院和100所养老院的伟大使命。

通过参加云博老师的系列课程《狼王演说开口收钱》，我学会了营销和团队管理，通过《狼王演说——领袖领导力训练》我也提升了自己的个人领导素质，也是这些素质的叠加铸就了今天的我和所有的成绩。人活着不只是为了挣钱那么简单，而是能够为社会创造多少价值。为了和你一起拼的兄弟姐妹们，能够让他们也能过上高品质的生活这才是我真正的责任。我非常感谢李改丽老师把我带入课堂，对她的那份邀请终生感激。再一次感恩我的恩师张云博老师，是他使我从里到外有一个全新的升华，让我有了一个光彩人生。

通过学习张老师的课程，对我个人以及团队都有了质的提升，我会在今后的日子里用所学的知识诠释我们公司的核心理念："掌握核心科技"。我们坚信在互联网发展的趋势中，3年内一定将"淘城汇"实现全国知名品牌，5年内打造科技公司上市。愿我的"淘城汇超级大数据商城"能给更多的企业带来更多帮助，也能在这个经济不景气的大潮中实现业绩翻番。最后，再次感恩张老师的大爱之心，期待更多的企业及个人参与到张老师的课程中来，让我们共同来完成大爱行动！

朝阳酒业总经理 谷占勇

在我小的时候，家里经常吃的是窝头咸菜，衣服也都是亲戚穿剩下送的，家中唯一的电器就是 2 节电池的手电筒，那时我就有一个梦想，我一定要走出农村，用自己的双手去创造富裕的生活，彻底改变贫穷的命运。毕业后，我当过保安，干过电工，饭店服务员，走过天津，闯过北京，28 岁之前的我漂泊不定，但无论哪个行业，都留下我拼搏的汗水。

2003 年 6 月 24 日，我来到了衡水朝阳酒业，当时的朝阳酒业从 2002 年成立以来，衡水老白干全国销售每年都是第一名，衡水老白干五星经销商是最诚信的经销商。我在朝阳的平台上也兢兢业业，勤勤恳恳，创造了一个又一个佳绩。2014 年后，白酒市场大规模下滑，我也曾一筹莫展，偶然的一次机会接触了《狼王演说开口收钱》，三天课程下来，让我茅塞顿开，一回到公司，我就筹划开招商会，几场下来，让我业绩暴涨，不景气的市场让我搞得红红火火！我的演讲能力日渐提升，通过学习，我的格局也打开了，我已成为云博老师的第 84 位弟子，也是云博老师讲师团的优秀讲师，我要把我的成长经历分享给更多的人，去帮助和影响更多有志之士的成长、成功！

衡水一诺日化科技有限公司总经理 吴顺涛

我叫吴顺涛，以我女儿名字命名的一诺日化公司成立于 2005 年 5 月，是一家集商场、超市、CS 终端、流通等多渠道运营体系的日用品销售公司及运营服务商，公司先后代理了京润珍珠、美肤宝、迪彩、云南白药、艾芭薇、黛维莉、舒雪、新闻、彩虹、黑猫警长、美乐 A 牙刷、女主角、倍舒特、宝洁系列产品，2015 年成功申请注册商标"润度""卡沐"等自主品牌；公司在团队建设方面得到聚狼团（北京红太狼网络科技有限公司）张云博老师的大力支持，聚狼团特别注重对我公司员工及管理层的培训，通过系列培训公司充分彰显了管理层的凝聚力，公司员工的团队精神得到了进一步的提升，我也从中受益良多！2015 年我们成功举办公司成立 10 周年庆典活动，在活动当中我们通过运用在张云博老师的狼王演讲中学到的一对多批发式销售，短短的七分钟演讲就成交了几十万，促使我跟随张老师成为云博公司梦想合伙人。成为合伙人的根本原因是张老师捐建 100 所希望小学、100 所敬老院和 100 所孤儿院的大爱梦想，从而让我找到了我人生的三大梦想：

（1）在三年时间内成为一名营销学的超级演说家，用毕生时间帮助企业及个人学会用好营销，成就他们的价值！

（2）追随张云博老师，用毕生精力和时间感召和资助 100 名困难失学儿童，帮助他们实现人生梦想！

（3）五年内写一本激励众生的畅销书《涛哥讲营销人生》影响和帮助更多的人实现人生的梦想！

欣念餐饮有限公司总经理　岳军

大家好，我是河北欣念餐饮有限公司的总经理，也是狼王演说导师张云博老师的弟子和梦想合伙人。

我从 1997 年开始做餐饮至今已有 19 年的历程，在不断学习和实践中，总结出了一套自己的管理模式，培养了自己的技术骨干和左膀右臂，每年都要带领高管团队外出学习考察，从而不断地完善店内的管理体系，就在前两年，中餐疲软的情况下，在 2014 年 1 月 6 日成功转型做了欣念饺子快餐连锁品牌，店内生意火爆，人气十足，得到了顾客的一致好评。

自从走进了"聚狼团"北京红太狼网络科技有限公司，上了张云博老师的《狼王演说》等系列课程，更是如虎添翼，填补了我的短板，在没有上课之前，每当我站在台上讲话时，心里都会紧张，头脑里往往会一片空白，上课之后，我突破了自我，战胜了恐惧，我主持过同学的年会，连续四期当过《狼王演说》的开课主持，我还受衡中学校老师的邀请，去为 468 班高二学生做过演讲。

回到企业，店内员工看到了我的变化，我给他们分享了我的收获，很多员工听后都主动要求去报名上课，有高层领导，中层干部，还有基层员工，他们分别去上过《狼王演说》、《野狼销售战队集训营》、《狼王落地系统——企业自动化运转》等课程，学习回来后都发生了很大的变化，有员工感悟原来自己很自私，为团队考虑得很少，通过学习，懂得了感恩，懂得了团队的力量。有一个店的店长分享，他没去上课之前，不敢说也不敢讲，通过学习后，也敢说，也敢讲了，还计划给员工做培训了。我营运团队的户总监学习回来后，不但演讲水平提高了，还把老师培训的讲课模式学了回来，用在了培训内部员工上，就在上次海选预备店长和后厨主管的活动中，通过户总监在台上的激情演讲，上台报名的就有二十多个员工。通过学习，企业正在蒸蒸日上。

大爱无私的张老师，一年一家人水费只花了100元，一件羽绒服可以陪伴他六个冬天，自己省吃俭用，却打算要用一生的精力去捐赠100所希望小学，100所孤儿院，100所敬老院，就在2016年3月27日，我们所有的弟子和梦想合伙人，还有300多人慕名前来参加的企业家们，见证了张老师捐赠第一所希望小学的捐赠仪式，感动了我们在场的所有人。

张老师用大爱和无私奉献的精神，激励着一批又一批求上进有爱心的人士加入到他的弟子和梦想合伙人的行列。也激发了我的人生梦想：要在10年内开500家店，让500名员工当上店长，1000名员工成为欣念的股东，让他们在欣念这个平台上实现老板梦。我还有一个更大的梦想，我要让欣念饺子在全国各地开花，让国食饺子走出中国，冲向世界，在国外都能吃到欣念的饺子。

河北泰邦商贸有限公司总经理　周国华

大家好，我是周国华，1999年我高中毕业没能考入大学的校门，从此走上了社会，由于没什么学历，也就没能找到什么好的工作，只能在一家经销轴承的门店打工，那时的我自卑内向，见人说话都脸红，走路溜墙根，一干就是8年。

2007年，我不甘心打工，于是有了创业的想法并开始付诸行动。刚起步时，进了一小部分货，然后骑摩托车跑客户，一年时间下来，摩托车跑了将近 4 万公里，风吹的膝盖到了晚上睡不着觉，经常有放弃的念头出现在我的脑海中，但我不甘心，依然艰难地维持着我的生意，一直到 2015 年。

2015 年 4 月，偶尔的一次机会让我听了张老师的《狼王演说——开口收钱总裁密训》，在那不可思议的三天两夜中，让我学会了感恩，有了梦想，知道了如何打造团队，如何去真正地开发市场，找到客户，做事业的真正目的。不是自己有多么成功，而是能帮客户解决多少问题，帮助员工获得多大的成功，在这一年的时间里，我的事业得到了发展，我的交际圈和个人格局得到了成长，我坚信张老师在学习当中是我一辈子的恩师，在生活当中是我一辈子的朋友，我会一直追随张老师走下去，去成长，去蜕变，把我的事业做大做强的同时，把他身上的正能量和大爱传播下去，加油！加油！加油！

17 号品牌设计工作室的创办人、总经理　王娜

　　［在家人眼中］她，是一个活泼、能干、乐天派的女儿

　　［在朋友眼中］她，很乐观，很仗义

　　［在同事眼中］她，工作能力很强，有点小任性

　　［在闺蜜眼中］她，是个工作狂吧

　　［在同学眼中］她，"狼王演讲"课程让她改变了很多……

我就是大家眼中的她，人称"王府闺秀品高雅，艺海拾贝舞婀娜"，我叫王娜，是 17 号品牌设计工作室的创办人，很有幸成为"狼王演说"张云博老师的第 17 位弟子。

在经历了近十年工作的风风雨雨，铅华落尽，内心那颗不安全的萌芽在成长，在 2015 年创办了属于自己的设计工作室——17 号品牌设计工作室，专业从事平面设计，是集创意、技术、美感于一体的脑力活动。专注、专心、思想创造影响力。

17，一个很普通的数字，但对于我有很深的含义，我的生日中有 17，创办的那天也正好是 17 号，而 17 的谐音是一起，在这样抱团取暖的环境中，

更多的是一起奋斗、一起努力、一起前行。而我是特别享受设计，希望从每天的设计中寻找现实生活的每个精彩瞬间，也希望在工作中，更好地展现自己的社会属性。

2015年，得益于"红太狼网络科技有限公司"李改丽好友的推荐，走进了张云博老师的"狼王演说"的课程，对于对舞台非常恐惧且不敢上台的我来说，那是一场非常有分量的内心的宫斗戏，然而在张老师的指引下，在同学的帮助下，我突破了自己的短板，战胜了恐惧，演讲完的那一刻，我更加懂得了演说的力量。

经历过张老师的课，感受着他的大爱与无私，他在尽自己的全部力量去照亮影响身边所有的人，我为之感动，当今社会缺少的就是这样的正能量，在此，再多的赞美之词都显得苍白无力，因为爱是无限的。云博老师的第一所希望小学的成立，见证着他的大爱之旅。从而激发我的梦想：

（1）工作中：实现设计的最终答案，为每位客户打造专属的设计方案，用心、用诚，感召身边的每个人。

（2）终极梦想，成为我们讲师团内的一分子，成为爱的传承者，这份承诺与见证，与明天相约！

北京红太狼网络科技有限公司法人　李改丽

大家好，我叫李改丽，一个来自邯郸农村的女孩，2013年加入了云博老师团队，2015年成立了北京红太狼网络科技有限公司。在这两年中，我成长了很多，也学到了很多。学校毕业后我在北京一家广告公司做平面设计师，因为结婚来到了衡水，衡水安逸的生活让我一度感到迷茫，我有一个梦想，有一天一定要再回到深爱的北京，并且要在北京实现自己的事业梦想！我最初加入云博老师团队的时候，只是个小小的文员，工资也只有1500元，但是我知道，我的收入是由自己决定的，我要靠我的能力来实现收入的提升。

云博老师在2012年的时候，投资了一个大学生教育的C2B的项目，做得很辛苦，产品模式和盈利模式都在探索，因为公司一直在投入，但回报太小，导致资金链的匮乏，到 2013 年底的时候，公司好多同事因为看不到项目希望，纷纷离开了，但是我相信云博老师的困境只是暂时的，一定会突破难关的！我相信云博老师，因为那一年，云博老师是刷信用卡给我们发的工资，即使是这样，我们年终的福利一点都没有少！2014 年公司转型，老师迎合市场的刚需，结合自身的优势开创了《狼王演说——开口收钱总裁密训》，我们开始了新的征程！我也从一个从未做过销售的文员变成了一名销售人员，这一年我个人的业绩也一直是公司的销售第一名！客户跟我说是我服务得好，服务得贴心、周到，但我知道这一切的根本离不开云博老师课程的实战实效。

2015 年底的时候，我成立了云博老师的第一家分公司"北京红太狼网络科技有限公司"（我在公司的代号是红太狼，我们公司的所有分公司名称都由我们的名字命名）。我有一个梦想：我梦想有一天，能站在老师的身边，陪着老师一起实现我们共同的梦想：帮助 3 亿中国人能够站在舞台中央挥洒自如地演讲！帮助企业家开口收钱、收人！引领中国企业迈向全世界！我坚信我们的梦想一定会实现！我们的梦想一定能够实现！